JIHAD M. ABOU GHOUCHE

Melhore o seu inglês

Veja como acessar o áudio p. 191

4ª reim

© 2012 Jihad M. Abou Ghouche

Preparação de texto
Larissa Lino Barbosa / Verba Editorial

Capa e projeto gráfico
Paula Astiz

Editoração eletrônica
Laura Lotufo / Paula Astiz Design

Assistente editorial
Aline Naomi Sassaki

Produtora
jm produção de áudio

Locutor
Christopher Johnston

Dados Internacionais de Catalogação na Publicação (CIP)
(Câmara Brasileira do Livro, SP, Brasil)

Ghouche, Jihad M. Abou
  Melhore o seu inglês : conversação e compreensão / Jihad M. Abou Ghouche. — Barueri, SP : DISAL, 2012.

  ISBN 978-85-7844-123-4

  1. Inglês - Atividades, exercícios etc. 2. Inglês - Estudo e ensino I. Título.

12-12308   CDD-420.7

Índices para catálogo sistemático:
1. Inglês : Estudo e ensino   420.7

Todos os direitos reservados em nome de: Bantim, Canato e Guazzelli Editora Ltda.

Alameda Mamoré 911 – cj. 107
Alphaville – BARUERI – SP
CEP: 06454-040
Tel. / Fax: (11) 4195-2811
Visite nosso site: www.disaleditora.com.br
Televendas: (11) 3226-3111

Fax gratuito: 0800 7707 105/106
E-mail para pedidos: comercialdisal@disal.com.br

Nenhuma parte desta publicação pode ser reproduzida, arquivada nem transmitida de nenhuma forma ou meio sem permissão expressa e escrita da Editora.

Sumário

Nota do autor   5

Como aprender com este livro   7

Lesson 1	Most used verbs I	9
Lesson 2	Most used adjectives I	17
Lesson 3	Question words	23
Lesson 4	Numbers in use	31
Lesson 5	Dates and time	39
Lesson 6	Most used verbs II	47
Lesson 7	Most used adverbs	57
Lesson 8	Countable, uncountable and quantifiers	65
Lesson 9	Prepositions of place	73
Lesson 10	Most used modal verbs	83
Lesson 11	Most used adjectives II	89
Lesson 12	Possessive, object and reflexive pronouns	97
Lesson 13	Most used phrasal verbs	105
Lesson 14	Indefinite pronouns	113
Lesson 15	Most used verbs III	121

Appendix 1	Verb tenses	131
Appendix 2	Adjectives, comparative and superlative forms	141
Appendix 3	Adverbs	147
Appendix 4	Pronouns	151
Appendix 5	Phrasal verbs	155
Appendix 6	Modal verbs	159

Respostas dos exercícios	**163**
Respostas dos exercícios de conversação e compreensão	**177**
Sobre o autor	**190**
Como acessar o áudio	**191**

Nota do autor

"Para ser fluente em inglês você deve pensar em inglês." Se você já estudou inglês numa escola de idiomas, é muito provável que já tenha ouvido essa recomendação do seu/sua *teacher*.

Mas como e quando isso pode acontecer? Para você leitor(a) entender bem, vamos antes a uma experiência bem simples. Para realizá-la você vai precisar de outra pessoa. Chame-a e diga o seguinte: "Eu vou lhe contar uma historinha (em português) e logo que eu terminar, vou apontar para você, e quero que repita-a com o máximo de detalhes que conseguir, o.k.?" Eis a história: "Meu avô, que já é um senhor de idade e de cabelos brancos, tem uma fazenda de produção de leite. Lá tem umas 200 vacas e ele tem uma favorita, que é chamada de Rainha; ela é uma vaca holandesa, bem grande e muito bonita. Sozinha produz quase 100 litros de leite por dia. E uma curiosidade: a Rainha gosta de tirar uns cochilos durante o dia; ela dorme por uns 40 minutos, e faz isso em pé!!! E o mais louco: o cachorro da fazenda faz o mesmo, dorme, em cima dela!"

Pronto. Agora aponte para a pessoa para quem você contou, e peça-lhe que repita a história. Você vai se surpreender ao ouvi-la quase que perfeita, com os detalhes e curiosidades mais importantes: avô – senhor de idade – fazenda de leite – muitas vacas – a preferida – Rainha – holandesa – produz 100 litros de leite – dorme de dia – em pé – com o cachorro em cima.

Como ela conseguiu lembrar de tudo isso? Você acha que ela literalmente decorou as palavras? Uma por uma? E ainda na sequência correta? Não? Então como conseguiu? Simples: ela imaginou. Enquanto você falava, ela ia construindo as imagens e os fatos numa "tela de cinema" dentro de sua cabeça. E mesmo que por frações de segundo, "viu" um filme e "entendeu" a historinha.

E por que isso tudo foi possível? Porque as palavras que você usou (em português) para narrar a historinha são muito conhecidas pela pessoa que as ouviu. Ela já ouviu tantas vezes "avô", "cochilo", "produz" etc. que elas são fáceis de entender, imaginar e assimilar.

Com o inglês (ou qualquer outra língua estrangeira) não é diferente. Se as palavras usadas por um interlocutor são bem conhecidas, você não terá problemas em entender. Em contrapartida, sabendo um bom número delas, também não hesitará enquanto estiver falando. Isto é fluência.

Quando se quer aprender, a ponto de dominar um segundo idioma, é preciso estudar e repetir bastante, não só o vocabulário novo, mas também a estrutura do idioma. A gramática é sim relevante; ninguém gosta de falar errado. Aliás, um dos motivos pelo qual alunos adultos não conseguem soltar a língua é porque querem falar corretamente, e ficam se policiando o tempo todo, especialmente durante a fala. Daí também um dos motivos de não conseguir ser fluente.

Caro leitor(a), não existe uma formula mágica para ter domínio de um novo idioma. O único jeito mesmo é se debruçar e estudar. Disciplina é o caminho, repetição é a receita. E como aprender inglês é um projeto a médio prazo, não se sinta mal se de vez em quando não conseguir manter o ritmo. É normal. O importante é não desistir.

Desejo-lhe sucesso.

Jihad M. Abou Ghouche

Como aprender com este livro

Este livro contém 15 lições com 12 tópicos diferentes. Cada lição começa com a apresentação do vocabulário-chave, que é exercitado em seguida, tanto na forma escrita quanto na oral. Após cada apresentação, há dois exercícios de fixação. Todo este trabalho visa chegar ao objetivo, que é praticar conversação e compreensão auditiva.

Os exercícios de conversação são feitos com a interação com áudios. A ideia é simular uma conversa entre duas pessoas. Você, leitor(a) de um lado, e a voz do áudio fazendo a segunda pessoa. Ao todo, são mais de 300 perguntas para praticar conversação. Para cada pergunta, há uma resposta-sugestão ("Diga:..."). Perceba que elas são completas, porque o intuito é fazer você falar o máximo possível.

Por fim, um exercício de compreensão auditiva. Nele deve-se completar frases, responder perguntas ou marcar alternativas, baseando-se no que se ouve.

Então:

1. **ESTUDE O VOCABULÁRIO** na apresentação até ficar bem familiarizado com ele.
2. **FAÇA OS DOIS EXERCÍCIOS** de fixação e depois confira as respostas no final do livro.
3. **PRATIQUE A CONVERSAÇÃO** interagindo com o áudio.
4. **TREINE SEUS OUVIDOS** para o inglês fazendo o exercício de compreensão auditiva.

Most used verbs I

[LESSON 1]

Nesta lição você vai praticar conversação utilizando 30 dos verbos mais usados no dia a dia. Os exercícios de conversação e compreensão auditiva estão em vários tempos verbais. O objetivo é fazer você ganhar fluência; afinal, é raro duas ou mais pessoas manterem um diálogo sem saltar do presente para o passado, e depois para o futuro, e de volta para o presente etc.

> **IMPORTANTE!** Se você tiver dúvidas, ou não lembrar como os principais tempos verbais funcionam, consulte o **Appendix 1** antes ou durante esta lição.

APRESENTAÇÃO

Os verbos serão apresentados assim:

Tradução	Verbo na forma simples	Passado/Particípio	Exemplo para memorização
(vestir)	wear	(wore/ worn)	wear a white T-shirt

🔊 Ouça a faixa 01 e repita em voz alta os verbos e os exemplos.

(ir) **go** (went/ gone)   go to the bank.
(chegar) **arrive** (arrived/ arrived)   arrive at work.
(comer) **eat** (ate/ eaten)   eat more vegetables.
(beber) **drink** (drank/ drunk)   drink a lot of water.
(ver) **see** (saw/ seen)   see a doctor.

(*acreditar*) **believe** (believed/ believed)   believe in ghosts.

(*assistir*) **watch** (watched/ watched)   watch a good movie.

(*abrir*) **open** (opened/ opened)   open the window.

(*fechar*) **close** (closed/ closed)   close the door.

(*dirigir*) **drive** (drove/ driven)   drive a car.

(*andar a/de*) **ride** (rode/ ridden)   ride a horse.

(*escovar*) **brush** (brushed/ brushed)   brush your teeth.

(*cozinhar*) **cook** (cooked/ cooked)   cook lunch.

(*ter*) **have** (had/ had)   have a nice day.

(*trabalhar*) **work** (worked/ worked)   work hard.

(*digitar*) **type** (typed/ typed)   type the report.

(*enviar*) **send** (sent/ sent)   send an e-mail.

(*falar*) **speak** (spoke/ spoken)   speak French.

(*comprar*) **buy** (bought/ bought)   buy bread every day.

(*vender*) **sell** (sold/ sold)   sell the house.

(*conversar*) **talk** (talked/ talked)   talk to your boss.

(*ler*) **read** (read/ read)   read the newspaper.

(*escrever*) **write** (wrote/ written)   write a poem.

(*caminhar*) **walk** (walked/ walked)   walk the dog.

(*correr*) **run** (ran/ run)   run on the beach.

(*chamar/ ligar*) **call** (called/ called)   call your parents.

(*ficar*) **stay** (stayed/ stayed)   stay in the bedroom.

(*esquecer*) **forget** (forgot/ forgotten)   forget his birthday.

(*vir*) **come** (came/ come)   come home earlier.

(*pensar*) **think** (thought/ thought)   think about it.

FIXAÇÃO

► EXERCÍCIO 1

Vamos ver se você se lembra das três formas de cada verbo (*Simple, Past and Past participle*) e de sua <u>tradução</u>. Complete as lacunas:

a)   speak   ► _____ ► _____ (falar   )

b) _____ ►   wrote   ► _____ (_____)

c) _____ ► _____ ► _____ (pensar   )

d)	_____ ►	_____ ►	seen	(	_____	)
e)	stay ►	_____ ►	_____	(	_____	)
f)	_____ ►	cooked ►	_____	(	_____	)
g)	_____ ►	_____ ►	_____	(	escovar	)
h)	send ►	_____ ►	_____	(	_____	)
i)	_____ ►	talked ►	_____	(	_____	)
j)	_____ ►	_____ ►	_____	(	comer	)
k)	_____ ►	_____ ►	sold	(	_____	)
l)	_____ ►	_____ ►	_____	(	ler	)
m)	call ►	_____ ►	_____	(	_____	)
n)	_____ ►	_____ ►	forgotten	(	_____	)
o)	_____ ►	_____ ►	_____	(	dirigir	)

► EXERCÍCIO 2

Uma das melhores técnicas para memorizar novas palavras é colocá-las num contexto, numa pequena frase, ou, simplesmente, fazendo combinações usuais com outras palavras mais conhecidas. Neste exercício você deve achar a combinação certa para cada verbo listado abaixo:

a poem	cartoons	in bed
a new house	to the park	the drawer
slowly	hot chocolate	in God
in a bakery	fast	a bike

a) speak _____

b) ride _____

c) buy _____

d) stay _____

e) watch _____

f) write _____

g) close _____

h) go _____

i) drink _____

j) believe _____

k) type _____

l) work _____

CONVERSAÇÃO 1

Como já foi comentado no início desta lição, dificilmente duas ou mais pessoas, ao dialogarem, se mantêm em um único tempo verbal. O mais comum é transitar entre vários. Neste exercício, duas ou mais perguntas consecutivas usarão o mesmo verbo, porém, em tempos verbais diferentes. Assim, você poderá treinar sua agilidade ao falar em vários tempos verbais e ganhar mais fluência.

Não há situações e temas predeterminados, as perguntas são sobre diferentes assuntos do cotidiano.

Este exercício de conversação pode ser feito de duas maneiras:

Modo A (recomendado para iniciantes):

► Responda as perguntas por escrito, prestando bastante atenção a elas.

► Feche o livro, toque a faixa 02 e responda-as mais uma vez oralmente, interagindo com a voz do áudio como se estivesse com uma pessoa. Seja espontâneo(a), não precisa respondê-las como fez por escrito.

Modo B:

► Apenas leia as perguntas do livro para ter uma ideia do que tratam.

► Feche o livro, toque a faixa 02 e, ainda com o livro fechado, responda as perguntas oralmente.

᭢᭢᭢ Faixa 02

1) Do you go to work on foot?
(Você vai ao trabalho a pé?)

2) Did you go to the movies on the weekend?
(Você foi ao cinema no fim de semana?)

3) Will you go to the doctor with me?
(Você vai ao médico comigo?)

4) Have your parents gone home?
(Seus pais foram para casa?)

5) What do you usually eat in the morning?
(O que você usualmente come de manhã?)

6) What did you eat last night?
(O que você comeu ontem à noite?)

7) What are you eating?
(O que você está comendo?)

8) Have you ever eaten raw kibe?
(Você já comeu quibe cru?)

9) How often do you see your parents?
(Com que frequência você vê seus pais?)

10) Have you seen the new Ford Focus?
(Você viu o novo Ford Focus?)

11) Did you see Ann at lunch?
(Você viu a Ann no almoço?)

12) Can you ride a bike?
(Você sabe andar de bicicleta?)

13) Have you ever ridden a horse?
(Você já andou a cavalo?)

14) Do you sometimes ride the bus to go to work?
(Você anda de ônibus para ir ao trabalho às vezes?)

15) How long have you had this watch?
(Há quanto tempo você tem este relógio?)

16) Did you have a nice time there?
(Você teve bons momentos/ você se divertiu lá?)

17) Are going to have a day off this week?
(Você vai ter um dia de folga esta semana?)

18) How many cousins do you have?
(Quantos primos você tem?)

19) What are you going to buy there?
(O que você vai comprar lá?)

20) Where have you bought these sneakers?
(Onde você comprou estes tênis?)

21) When did you buy that book?
(Quando você comprou aquele livro?)

22) Were you talking to the manager earlier?
(Você estava falando com o gerente mais cedo?)

23) When will you talk to your boss?
(Quando você vai falar com seu chefe?)

24) Do you always talk to her on the internet?
(Você sempre conversa com ela na internet?)

25) What are you reading?
(O que você está lendo?)

26) Have you read his new book?
(Você leu o novo livro dele?)

27) Did you read the article on Monday or on Tuesday?
(Você leu o artigo na segunda ou na terça?)

28) Can you call me later?
(Você pode me ligar mais tarde?)

29) Have you called him back?
(Você ligou para ele de volta?)

30) When are you going to call her?
(Quando você vai ligar para ela?)

COMPREENSÃO AUDITIVA 1

Vamos treinar seus ouvidos para o inglês!

Neste exercício, ouça as perguntas da faixa 03 e escolha as respostas adequadas. Depois, confira se suas escolhas estão corretas no final do livro.

🎚 Faixa 03

1) **a.** ( ) No, I didn't drink anything there.
   b. ( ) No, I drank only juice.

2) **a.** ( ) I usually watch the news at night, after the kids go to bed.
   b. ( ) I like to watch the news at night.

3) **a.** ( ) I am not sure, I think at 9:00.
   b. ( ) They never open on Mondays.

4) **a.** ( ) I've worked there for many years.
   b. ( ) No, I've never worked there before.

5) **a.** (   ) I'm writing to my co-worker in Hong Kong.
   b. (   ) I'm reading an e-mail from my boss.

6) **a.** (   ) Yes, I sometimes stay with her.
   b. (   ) No, I never stay in there.

7) **a.** (   ) Mashed potatoes, rice and beef.
   b. (   ) I don't like cooking.

8) **a.** (   ) I was. But I didn't enjoy it.
   b. (   ) I was at the doctor's.

9) **a.** (   ) I don't know.
   b. (   ) I don't have one.

10) **a.** (   ) Really?! I would sell it!
   b. (   ) I can't sell it.

Most used adjectives I

Adjectives and their comparative and superlative forms

[LESSON 2]

Nesta lição você vai praticar conversação com 25 dos adjetivos mais usados no dia a dia. Também vai praticar com as formas comparativas e superlativas (de superioridade) dos mesmos.

> **IMPORTANTE!** Caso não saiba bem ou não lembre como as formas comparativas e superlativas são feitas, consulte o **Appendix 2** antes ou durante esta lição.

APRESENTAÇÃO

Os adjetivos serão apresentados assim:

Tradução	Adjetivo	Forma comparativa/ superlativa	Exemplo para memorização
(quente)	hot	(hotter/ the hottest)	hot coffee

🎚️ Ouça a faixa 04 e repita em voz alta os adjetivos e os exemplos.

(grande) **big** (bigger/ the biggest)   a big house.
(pequeno) **small** (smaller/ the smallest)   a small car.
(rico) **rich** (richer/ the richest)   a rich man.
(pobre) **poor** (poorer/ the poorest)   a poor country.
(caro) **expensive** (more expensive/ the most expensive)   an expensive dress.
(barato) **cheap** (cheaper/ the cheapest)   a cheap restaurant.
(quente) **hot** (hotter/ the hottest)   hot coffee.
(frio) **cold** (colder/ the coldest)   cold water.

(*interessante*) **interesting** (more interesting/ the most interesting) an interesting book.

(*chato*) **boring** (more boring/ the most boring) a boring movie.

(*fácil*) **easy** (easier/ the easiest) an easy test.

(*difícil*) **difficult** (more difficult/ the most difficult) a difficult question.

(*bom*) **good** (better/ the best) a good day.

(*ruim*) **bad** (worse/ the worst) a bad feeling.

(*gordo*) **fat** (fatter/ the fattest) a fat cat.

(*magro*) **thin** (thinner/ the thinnest) a thin book.

(*longe*) **far** (farther/ the farthest) a far city.

(*perto*) **near** (nearer/ the nearest) a near hospital.

(*bonito*) **beautiful** (more beautiful/ the most beautiful) a beautiful flower.

(*feio*) **ugly** (uglier/ the ugliest) an ugly animal.

(*velho*) **old** (older/ the oldest) an old man.

(*jovem*) **young** (younger/ the youngest) a young person.

(*novo*) **new** (newer/ the newest) a new cell phone.

(*forte*) **strong** (stronger/ the strongest) strong coffee.

(*fraco*) **weak** (weaker/ the weakest) a weak argument.

FIXAÇÃO

► EXERCÍCIO 3

Você sabe qual é o antônimo dos seguintes adjetivos? Escreva-os ao lado de cada palavra:

a) near ≠ _____

b) good ≠ _____

c) poor ≠ _____

d) beautiful ≠ _____

e) difficult ≠ _____

f) cold ≠ _____

g) interesting ≠ _____

h) fat ≠ _____

i) cheap ≠ _____

j) old ≠ _____

k) big ≠ _____

l) hot ≠ _____

► EXERCÍCIO 4

Uma das melhores técnicas de fixação de novas palavras é colocá-las em um contexto, em um exemplo que o(a) faça imaginar ou visualizar o que elas representam.

Neste exercício você deve criar uma frase pequena ou grande, ou uma simples combinação usando os adjetivos que acabou de aprender. Não vale as que já foram usadas na apresentação do início desta lição!

Seja criativo(a) e espontâneo(a)!

a) small: _____

b) poor: _____

c) big: _____

d) expensive: _____

e) rich: _____

f) hot: _____

g) cold: _____

h) cheap: _____

i) easy: _____

j) interesting: _____

k) difficult: _____

l) boring: _____

m) fat: _____

n) good: _____

o) thin: _____

p) bad: _____

q) beautiful: _____

r) near: _____

s) ugly: _____

t) far: _____

u) new: _____

v) old: _____

w) strong: _____

x) young: _____

y) weak: _____

CONVERSAÇÃO 2

Seguem-se perguntas utilizando os adjetivos e suas formas comparativa e superlativa apresentados nesta lição.

Este exercício de conversação pode ser feito de duas maneiras:

A) Guiado:

Leia as perguntas e responda-as por escrito em inglês, usando a respostas-sugestões ("Diga:..."). Depois ouça a faixa 05 e com o livro aberto recite suas respostas, como se estivesse conversando com uma pessoa.

A tradução das respostas-sugestões está no final do livro. Após tentar sozinho(a) você deve conferir suas respostas.

B) Livre:

Leia as perguntas e crie suas próprias respostas por escrito. Quanto mais completa for a resposta, melhor. Ouça a faixa 05 e com o livro aberto recite suas respostas.

🎚️ Faixa 05

1) Do you live in a big house?

_____

(Diga: Eu costumava morar em uma casa grande com meus pais, agora moro numa pequena.)

2) Who do you think is the most beautiful American actress?

_____

(Diga: Eu acho que Angelina Jolie é a atriz americana mais bonita)

3) Did you enjoy the movie? Was it interesting?

_____

(Diga: Eu gostei, acho que foi mais interessante que o outro da semana passada)

4) Which is the coldest month in Brazil?

(Diga: Eu acho que julho é o mês mais frio aqui)

5) Do you know which the smallest country in the world is?

(Diga: O Vaticano é o menor país do mundo. Estou certo?!)

6) Is your dad older than your mom?

(Diga: Na verdade, minha mãe é mais velha que meu pai!)

7) Did you buy that expensive coat you told me about?

(Diga: Não, eu achei um mais barato em outra loja)

8) Is your current job nearer to your house?

(Diga: Sim, é bem mais perto. Leva menos de 10 minuto até lá)

9) Which is the best movie you have ever seen?

(Diga: Forest Gump é o melhor filme que eu já vi, sem dúvida!)

10) What is easier speaking or writing English?

(Diga: Eu acho que falar é mais difícil.)

11) Is The Plaza Hotel cheaper than The Ritz?

(Diga: Sim, eu acho que o Ritz é bem mais caro)

12) They say men cook better than women, do you agree?

(Diga: Bem, os melhores chefs do mundo são homens... talvez seja verdade!)

Quer melhorar sua fluência um pouco mais?! Então feche o livro, ouça o áudio mais uma vez e responda as mesmas perguntas oralmente. Desta vez seja espontâneo(a). Diga o que vier à cabeça!

COMPREENSÃO AUDITIVA 2

Vamos treinar seus ouvidos para o inglês!

Neste exercício, ouça a faixa 06 e complete as lacunas com as palavras que foram retiradas das frases. Depois, confira se suas respostas estão corretas no final do livro.

🔊 Faixa 06

1) My brother is _____ person in our family.
2) The Math test was _____ than the Chemistry one.
3) He's taking _____ medicine for his illness.
4) I think Somalia is probably _____ country in the world.
5) Her new book is even _____ !
6) We didn't sell much, it was a _____ day.
7) We had dinner in _____ restaurant in town.
8) She bought _____ brand available.
9) It's always _____ to criticize others.
10) Let's not go _____ I think it's too dangerous.

Question words

[LESSON 3]

Nesta lição você vai praticar conversação com as *Question words*.

APRESENTAÇÃO

As *Question words* serão apresentadas assim:

Question word	Sobre o que ela pergunta – e tradução	Exemplo para memorização
Where?	Lugar – Onde?	Where is the hospital?

🔊 Ouça a faixa 07 e repita em voz alta as *Question words e os* exemplos.

What time? *(horário – Que horas?)* What time do you get up on weekdays?

What? *(coisas – O que? Qual?)* What did you eat? What's your favorite food?

When? *(tempo – Quando?)* When is your birthday?

Why? *(motivo – Por quê?)* Why did they lie?

Where? *(lugar – Onde?)* Where were you born?

Which? *(coisas – o interlocutor deverá fazer uma escolha – Qual?)* Which color do you want?

Who? *(pessoas – Quem?)* Who cooks for them?

Whom? *(pessoas como objeto da frase – Quem?)* Whom did you give the key to? *(or)* To whom did you give the key?

Whose? *(o proprietário – De quem?)* Whose jacket is this?

How? *(modo – Como?)* How do you get to work?

How old? *(idade – Qual idade?)* How old is he?

How often? *(frequência – Com que frequência?)* How often do you work out?

How many? *(quantidade contável – Quantos?)* How many magazines did you buy?

How much? *(quantidade incontável – Quanto?)* How much milk did you drink?

How far? *(distância – Qual a distância?)* How far is the bus station from downtown?

How tall *(altura – Qual a altura?)* How tall is that tree?

How big? *(tamanho – Qual o tamanho?)* How big is their house?

How long? *(comprimento – Qual o comprimento? / Duração –Quanto tempo?)* How long is that river? How long was the movie?

How fast? *(velocidade – Qual a velocidade?)* How fast were you going?

How deep? *(profundidade – Qual a profundidade?)* How deep is the swimming pool?

FIXAÇÃO

► EXERCÍCIO 5

Ache e escreva a resposta adequada para cada pergunta.

about two hours	really slowly	a little bit
only three	Michael's	at work
twice a week	the blue one	a sandwich
last night	Margaret	It's easy
twenty-five	two blocks away	at midnight

a) Where? _____

b) Why? _____

c) How many? _____

d) How far? _____

e) What? _____

f) Whose? _____

g) When? _____

h) Who? _____

i) How much? _____

j) Which? _____

k) How old? _____

l) How often? _____

m) What time? _____

n) How fast? _____

o) How long? _____

► **EXERCÍCIO 6**

Pense rápido! Como dizer em inglês estas expressões?

a) Quem? _____

b) Como? _____

c) Por quê? _____

d) Onde? _____

e) Quando? _____

f) De quem? _____

g) Qual altura? _____

h) O quê? _____

i) Com que frequência? _____

j) Qual? _____

k) Quanto? _____

l) Qual distância? _____

m) Quantos? _____

n) A que horas? _____

o) Qual comprimento? _____

p) Que tamanho? _____

q) Qual velocidade? _____

r) Qual profundidade? _____

s) Quem? _____

CONVERSAÇÃO 3

Como o objetivo desta lição é fazer você treinar as *Question words*, diferente dos demais exercícios de conversação, neste você deverá elaborar perguntas para as respostas apresentadas.

Em alguns casos, perguntas diferentes (das sugeridas) podem resultar na mesma resposta.

Este exercício de conversação pode ser feito de duas maneiras:

A) Guiado:

Leia as respostas e elabore uma pergunta por escrito em inglês, usando as sugestões ("Diga:..."). Depois ouça a faixa 08 e com o livro aberto recite suas perguntas, como se estivesse conversando com uma pessoa.

A tradução das perguntas-sugestões está no final do livro. Após tentar sozinho(a) você deve conferir suas respostas.

B) Livre:

Leia as respostas e crie suas próprias perguntas por escrito. Quanto mais completa for a pergunta, melhor. Ouça a faixa 08 e com o livro aberto recite suas frases.

◖◗◖◗◖ Faixa 08

1) (Diga: Por quê você está estudando inglês?)

_____

Because I want to work abroad.

2) (Diga: De quem é aquela jaqueta?)

_____

That jacket is Ben's.

3) (Diga: O que você tomou para a dor de cabeça?)

_____

I took two aspirins.

4) (Diga: Com que frequência você assiste ao jornal da manhã?)

I rarely watch it in the morning. I'm usually in a hurry.

5) (Diga: Quando eles chegaram?)

They arrived right after lunch.

6) (Diga: Qual era sua idade quando você se casou?)

I was 29.

7) (Diga: Onde você esteve o dia inteiro?)

I've been at the bank solving some problems.

8) (Diga: Quem ligou para você ontem à noite?)

It was Jacqueline. She wanted Mark's phone number.

9) (Diga: Quem você vai convidar?)

I will invite everybody from the office.

10) (Diga: Quanto tempo durou a reunião?)

Longer than we thought, 5 hours!

11) (Diga: Qual a distância de Londres até onde você mora?)

Not much. It's not more than 40 minutes by car.

12) (Diga: Qual velocidade ele pode atingir?)

It can reach 260 kilometers per hour.

13) (Diga: Quanta gasolina você pôs?)

Half a galon. Will it be enough?

14) (Diga: A que horas ele vai começar?)

At a quarter past eight.

15) (Diga: Qual você comprou?)

I bought the smaller one. It's more practical.

16) (Diga: Qual a altura do seu pai?)

He's 1.7 meters tall.

17) (Diga: Qual é o tamanho do porta-malas?)

It's bigger than the other one, about 400 cubic liters.

18) (Diga: Quantas canções ele escreveu?)

I think more than 200 along his career.

19) (Diga: Qual a profundidade deste lago?)

I'm not sure but not less than 20 or 25 meters.

20) (Diga: Como você fez aquilo?)

With a lot of practice my friend! A lot of practice!

Quer melhorar sua fluência um pouco mais?! Então feche o livro, ouça o áudio mais uma vez e responda as mesmas perguntas oralmente. Desta vez seja espontâneo(a). Diga o que vier à cabeça!

COMPREENSÃO AUDITIVA 3

Ouça a faixa 09 e decida qual é a resposta correta para cada pergunta. Como a ideia é treinar seus ouvidos para as *Question Words*, as perguntas são bem curtas, como aquelas feitas no meio de diálogos no dia a dia.

Faixa 09

1) **a.** ( ) At her house.
b. ( ) Next Thursday.

2) **a.** ( ) Five hours.
b. ( ) Less than ten.

3) **a.** ( ) It's easier this week.
b. ( ) Twice a week.

4) **a.** ( ) More than ten kilos.
b. ( ) More than twenty meters.

5) **a.** ( ) The thinner.
b. ( ) At night.

6) **a.** ( ) Eleven students.
b. ( ) Eleven days.

7) **a.** ( ) In his office.
b. ( ) Since last Friday.

8) **a.** ( ) They reached the bank of the river.
b. ( ) They reached 120 meters.

9) **a.** ( ) Kim's brother.
b. ( ) A big sandwich.

10) **a.** ( ) In my house.
b. ( ) Twice a day.

Numbers in use

[LESSON 4]

Nesta lição você vai praticar conversação envolvendo números em várias situações.

Quando pessoas estão conversando, em qualquer idioma, se há algo que deve estar na ponta da língua, ou melhor, falado sem hesitação, são os números.

Imagine uma conversa em que idades, números de telefone, endereços ou simplesmente seu número de calçado é requisitado e você erra, não tem certeza se está dizendo certo ou demora muito para concluir a frase! Não é legal, certo?

Por isso não apenas "estude" os números, mas pratique-os até dominar bem seu uso e ser fluente.

APRESENTAÇÃO

🔊 Ouça a faixa 10 e repita em voz alta todos os números.

0 zero	**10** ten		
1 one	**11** eleven		
2 two	**12** twelve	**20** twenty	**200** two hundred
3 three	**13** thirteen	**30** thirty	**300** three hundred
4 four	**14** fourteen	**40** forty	**400** four hundred
5 five	**15** fifteen	**50** fifty	**500** five hundred
6 six	**16** sixteen	**60** sixty	**600** six hundred
7 seven	**17** seventeen	**70** seventy	**700** seven hundred
8 eight	**18** eighteen	**80** eighty	**800** eight hundred
9 nine	**19** nineteen	**90** ninety	**900** nine hundred
		100 a hundred	**1000** a thousand

59 fifty-nine
380 three hundred (and) eight
6000 six thousand
14 000 fourteen thousand
73 000 seventy-three thousand
100 000 one hundred thousand
1000 000 one million
1000 000 000 one billion

32% thirty-two percent
17.3% seventeen point three percent

US$ 1.40 one dollar (and) forty cents *(US dollar)*
£ 3.20 three pounds and twenty pence *(UK pounds)*
€ 7.60 seven euros and sixty cents *(EURO zone)*
US$ 0.10 ten cents
US$ 0.74 seventy-four cents

½ (a) half
⅓ (a) third
¼ (a) quarter

(+) plus
(−) minus
(÷) divided by
(x) times
(=) equals

7x8 = 56 seven times eight equals fifty-six

FIXAÇÃO

► EXERCÍCIO 7
Escreva os seguintes números por extenso:

a) 7: _____

b) 17: _____

c) 70: _____

d) 700: _____

e) 7000: _____

f) 28: _____

g) 135: _____

h) 950: _____

i) 4000: _____

j) 4200: _____

k) 4280: _____

l) 4283: _____

m) 19 000: _____

n) 251 000: _____

o) 21%: _____

p) US$ 4.30: _____

q) £ 23.00: _____

r) US$ 0.80: _____

s) $27 \div 3 = 9$: _____

► **EXERCÍCIO 8**

Escreva os números em dígitos.

a) nineteen: _____

b) ninety: _____

c) forty-two: _____

d) three hundred sixty-one: _____

e) eight hundred five: _____

f) four thousand: _____

g) six thousand five hundred and thirty-nine: _____

h) eleven thousand: _____

i) sixty-four thousand and twenty: _____

j) three hundred thousand: _____

k) two hundred and fifty dollars: _____

l) three dollars and twenty cents: _____

m) eighty-four cents: _____

n) thirty-one minus seven equals twenty-four: _____

CONVERSAÇÃO 4

Seguem-se perguntas que envolvem números.
Este exercício de conversação pode ser feito de duas maneiras:

A) Guiado:

Leia as perguntas e responda-as por escrito em inglês usando a respostas-sugestões ("Diga:..."). Depois ouça a faixa 11 e com o livro aberto recite suas respostas, como se estivesse conversando com uma pessoa.

A tradução das respostas-sugestões está no final do livro.

B) Livre:

Leia as perguntas e crie suas próprias respostas por escrito. Quanto mais completa for a resposta, melhor. Ouça a faixa 11 e com o livro aberto recite suas respostas.

▮▮▮ Faixa 11

1) Do you have a lucky number? What is it?

_____

(Diga: Meu número da sorte é nove)

2) How old are you?

_____

(Diga: Tenho trinta e sete anos, farei trinta e oito em maio)

3) What's your phone number?

_____

(Diga: É três-três-sete-nove-um-oito-quatro-seis)

4) What's your shoe size?

(Diga: É trinta e nove para tênis e quarenta para chinelos ou sandálias)

5) How mamy days are there in August?

(Diga: Há trinta e um dias em agosto)

6) How many centimeters are there in one meter?

(Diga: Há cem centímetros em um metro)

7) What is the normal temperature of the human body?

(Diga: Acho que é trinta e sete ponto cinco graus)

8) How much did you pay for your new watch?

(Diga: Paguei só quarenta dólares, consegui trinta por cento de desconto)

9) How much does a first class ticket cost?

(Diga: Não tenho certeza, acho que mais que três mil)

10) What's the address of the hotel?

(Diga: É Rua Montana, sete-quatro-oito)

11) What's the percentage of those who approve the president?

(Diga: Aproximadamente setenta por cento dizem que ela está fazendo um bom trabalho)

12) How far is your job from your house?

(Diga: É bem perto! Quatro quadras, quer dizer, uns quatrocentos metros)

13) How much do you pay for each message you send?

(Diga: Agora pago só sessenta e cinco centavos)

14) Do you want to share an apple?

(Diga: Sim, me dê a metade, por favor)

15) Let's see how good you are. How much is thirteen times six?

(Diga: É setenta e oito, certo?)

16) How many pages have you read so far?

(Diga: Um monte! Estou na página trezentos e sessenta e um)

17) How much do you think he weighs?

(Diga: Entre setenta e cinco e oitenta quilos)

18) What's the number of the license plate of your new car?

(Diga: É nove-cinco-sete-zero. Fácil de lembrar, certo?)

19) How big is the field?

(Diga: É bem grande, é cento e cinquenta por trezentos e vinte)

20) How high is the tree in your backyard now?

(Diga: Estava com vinte e sete metros a última vez que medi)

21) How long will you stay there?

(Diga: Vou ficar lá dezessete dias)

22) How many seconds are there in one hour?

_____

(Diga: Há três mil e seiscentos segundos em uma hora)

23) How much money does the richest man in the world have?

_____

(Diga: Acho que é um mexicano, que tem 63 bilhões de dólares)

24) How many people were there?

_____

(Diga: Eles dizem que havia mais de duas mil e quinhentas pessoas)

25) Do you know how many states there are in the USA?

_____

(Diga: Claro que sei! Há 50 estados)

Quer melhorar sua fluência um pouco mais?! Então feche o livro, ouça o áudio mais uma vez e responda as mesmas perguntas oralmente. Desta vez seja espontâneo(a). Diga o que vier à cabeça!

COMPREENSÃO AUDITIVA 4

Vamos treinar seus ouvidos para o inglês!

Neste exercício, ouça a faixa 12 e complete as lacunas com os números (em dígitos) que foram retirados das frases. Depois confira se suas anotações estão corretas no final do livro.

ılıļlı Faixa 12

1) My sister is _____ years old.
2) His phone number is ____ ____ ____ ____ - ____ ____ ____ ____ .
3) They arrived in Brazil _____ years ago.
4) This house costs _____ dollars! We can't afford it.
5) Mount Everest is the highest in the world. It's peak is over _____
_____ meters high.

6) How much did you say you paid? Was it _____ or _____ pounds?

7) The room is full, all the _____ seats are taken.

8) Only _____ percent of Brazilians have a college degree.

9) _____ is a lot of money for a T-shirt, don't you think ?!

10) He lived _____ years, had _____ sons, _____ daughters and _____ grandchildren.

11) Their address is _____ Houdson Ave.

12) If you save _____ dollars per month you'll have _____ by the end of the year.

13) _____ percent are against abortion, but _____ percent of those _____ are men.

14) _____ of all the population of the world live under the line of poverty, can you believe it?

15) I read all the _____ pages last night. I loved it!

Dates and time

[LESSON 5]

Nesta lição você vai praticar conversação com frases envolvendo datas e horários.

APRESENTAÇÃO

🎵 Ouça a faixa 13 e repita em voz alta.

Months
January	July
February	August
March	September
April	October
May	November
June	December

Days of the week
Monday	Friday
Tuesday	Saturday
Wednesday	Sunday
Thursday	

Seasons of the year
Spring	Fall
Summer	Winter

🎵 Ouça a faixa 14 e repita em voz alta

Ordinal numbers

first (1st)

second (2nd)

third (3rd)

fourth (4th)

fifth (5th)

sixth (6th)

seventh (7th)

eighth (8th)

ninth (9th)

tenth (10th)

eleventh (11th)

twelfth (12th)

thirteenth (13th)

nineteenth (19th)

twentieth (20th)

twenty-first (21st)

twenty-second (22nd)

twenty-third (23rd)

twenty-ninth (29th)

thirtieth (30th)

thirty-first (31st)

How to say dates

American English: "**January 17th**" (Diga: January seventeenth)

British English: "**17th January**" (Diga: The 17th of January)

Special dates

Easter (Páscoa)

Mother's Day (Dia das mães)

Labor Day (Dia do trabalho)

Independence Day (Dia da independência)

Christmas (Natal)

New Year's Eve (Noite da virada)

New Year's Day (Dia do ano-novo)

Thanksgiving (Dia de ação de graças)

Holiday (Feriado)

Day off (Dia de folga)

How to say years

1974: **(year) nineteen seventy-four**

1800: **(year) eighteen hundred**

1991: **(year) nineteen ninety-one**

2005: **(year) two thousand five**

2010: **(year) two thousand ten** or **twenty ten**

2025: **(year) twenty twenty-five**

𝖎𝖑𝖑𝖎 Ouça a faixa 15 e repita em voz alta.

Time

9:00 **It's nine o'clock**

9:05 **It's nine oh five** or **it's five past nine**

9:10 **It's nine ten** or **it's ten past nine**

9:15 **It's nine fifteen** or **it's a quarter past nine**

9:20 **It's nine twenty** or **it's twenty past nine**

9: 25 **It's nine twenty-five** or **it's twenty-five past nine**

9:30 **It's nine thirty** or **it's half past nine**

9:35 **It's nine thirty-five** or **it's twenty-five to ten**

9:40 **It's nine forty** or **it's twenty to ten**

9:45 **It's nine forty-five** or **it's a quarter to nine**

9:50 **It's nine fifty** or **it's ten to ten**

9:55 **It's nine fifty-five** or **it's five to ten**

12:00 a.m. **It's twelve o'clock** or **it's midnight**

12:00 p.m. **It's twelve o'clock** or **it's noon**

FIXAÇÃO

► EXERCÍCIO 9

Escreva a(s) palavra(s) que falta(m) para completar a sequência.

a) March, April, _____ , June, _____ .

b) Tuesday, Wednesday, _____ , Friday.

c) Spring, _____ , Fall, _____ .

d) December, November, _____ , September.

e) Saturday, Friday, Thursday, _____ .

f) First, _____ , Third, _____ , Fifth, _____ , Seventh.

g) 18th, 19th, 20th, _____ , _____ , _____ , 24th.

h) _____ is celebrated on the second Sunday of May in Brazil.

i) _____ is celebrated on December 25th.

j) On _____ people give chocolate eggs to each other in Brazil.

► EXERCÍCIO 10
Escreva as datas e horas por extenso:

a) 3/23/1985: _____

b) 10/5/2008: _____

c) 07/12/1900: _____

d) 1/31/2015: _____

e) 10:30: _____

f) 11:55: _____

g) 2:15: _____

h) 8:40: _____

i) 12:05: _____

j) 1:45: _____

CONVERSAÇÃO 5

Seguem-se perguntas que requerem datas e horários apresentados nesta lição.

Este exercício de conversação pode ser feito de duas maneiras:

A) Guiado:

Leia as perguntas e responda-as por escrito em inglês usando a respostas-sugestões ("Diga:..."). Depois ouça a faixa 16 e com o livro aberto recite suas respostas, como se estivesse conversando com uma pessoa.

A tradução das respostas-sugestões está no final do livro. Após tentar sozinho(a), você deve conferir suas respostas.

B) Livre:

Leia as perguntas e crie suas próprias respostas por escrito. Quanto mais completa for a resposta, melhor. Ouça a faixa 16 e com o livro aberto recite suas respostas.

ılıllı Faixa 16

1) What's your favorite day of the week?

(Diga: Meu dia favorito da semana é sexta)

2) When does summer begin in Brazil?

(Diga: O verão começa dia 21 de dezembro)

3) When is your birthday?

(Resposta pessoal/exemplo: Meu aniversário é em 6 de abril)

4) You live in that building, don't you?

(Diga: Sim, no 9º andar)

5) When is the Independence Day of Brazil celebrated?

(Diga: É no dia 7 de setembro)

6) When did you start working there?

(Diga: Eu comecei em mil novecentos e noventa e sete)

7) What time do you usually get up?

(Diga: Geralmente, eu acordo às sete e quinze)

8) How often do you work out at the gym?

(Diga: Eu vou lá dia sim, dia não)

9) Which is the fifth letter of the alphabet?

(Diga: A quinta letra é a "e")

10) What time did you go bed yesterday?

(Diga: Fui para cama tarde, aproximadamente uma e meia)

11) When is your next day off?

(Diga: Meu próximo dia de folga será na quinta)

12) When will Mother's Day be this year?

(Diga: Será dia 12 de maio)

13) Which season of the year is your favorite?

(Diga: Embora eu ache que o verão é o mais bonito, gosto do inverno)

14) What time did you leave work on Friday?

(Diga: Eu saí às quinze para as oito)

15) When were you born?

(Resposta pessoal/ exemplo: Eu nasci em 23 de agosto de 1975)

16) When will you be on vacation?

(Diga: Estarei de férias de 7 de dezembro até 6 de janeiro)

17) What year was the World Cup held in South Africa?

(Diga: Foi em dois mil e dez)

18) What time is it now?

(Resposta pessoal/ exemplo: Agora são duas e meia)

19) When will Thanksgiving be celebrated?

(Diga: Será celebrado em 22 de novembro)

20) Is this your first time in Europe?

(Diga: Não, na verdade é a terceira vez que eu viajo para Europa)

Quer melhorar sua fluência um pouco mais?! Então feche o livro, ouça o áudio mais uma vez e responda as mesmas perguntas oralmente. Desta vez seja espontâneo(a). Diga o que vier à cabeça!

COMPREENSÃO AUDITIVA 5

Vamos treinar seus ouvidos para o inglês!

Neste exercício, ouça a faixa 17 e responda as perguntas relacionadas a datas e horários.

ılı|ılı Faixa 17

1) Que data a primeira filha dele nasceu?

2) A que horas ela chegou?

3) Quando ele assistiu ao filme?

4) Em que mês eles casaram?

5) Em qual andar ela mora?

6) Qual é a estação favorita dele?

7) De quando até quando eles estarão na cidade?

8) A que horas o filho dele pegou no sono?

9) Em que ano aquilo aconteceu?

10) Quando ele diz que mandou o pacote?

Most used verbs II

[LESSON 6]

Nesta lição você vai praticar conversação com 30 dos verbos mais usados no dia a dia. Os exercícios de conversação e compreensão auditiva estão em vários tempos verbais.

O objetivo é fazer você ganhar fluência. Afinal, é raro duas ou mais pessoas manterem um diálogo sem saltar do presente para o passado e depois para o futuro e de volta para o presente etc.

> **IMPORTANTE!** Se você tiver dúvidas, ou não lembrar como os principais tempos verbais funcionam, consulte o **Appendix 1** antes ou durante esta lição.

APRESENTAÇÃO

Os verbos serão apresentados assim:

Tradução	Verbo na forma simples	Passado/Particípio	Exemplo para memorização
(rasgar)	tear	(tore/ torn)	tear a piece of paper

🔊 Ouça a faixa 18 e repita em voz alta os verbos e os exemplos.

(conhecer/ encontrar) **meet** (met/ met) meet my new neighbor
(saber) **know** (knew/ known) know the answer
(pagar) **pay** (paid/ paid) pay the bill
(dizer) **say** (said/ said) say something

(*querer*)   **want** (wanted/ wanted)   want a sandwich

(*precisar*)   **need** (needed/ needed)   need help

(*dar*)   **give** (gave/ given)   give money

(*lembrar*)   **remember** (remembered/ remembered)   remember her name

(*ouvir*)   **hear** (heard/ heard)   hear a noise

(*obter/ ganhar/ pegar*)   **get** (got/ gotten)   get a raise

(*ensinar*)   **teach** (taught/ taught)   teach how to dance

(*vencer*)   **win** (won/ won)   win the race

(*entender*)   **understand** (understood/ understood)   understand the problem

(*acontecer*)   **happen** (happened/ happened)   what happened

(*deixar/ partir*)   **leave** (left/ left)   leave home early

(*perder*)   **lose** (lost/ lost)   lose a wallet

(*começar*)   **begin** (began/ begun)   begin on Monday

(*fumar*)   **smoke** (smoked/ smoked)   smoke a cigarette

(*iniciar*)   **start** (started/ started)   start the game

(*parar*)   **stop** (stopped/ stopped)   stop the car

(*colocar*)   **put** (put/ put)   put in the drawer

(*custar*)   **cost** (cost/ cost)   cost a lot of money

(*perguntar*)   **ask** (asked/ asked)   ask for information

(*responder*)   **answer** (answered/ answered)   answer a question

(*convidar*)   **invite** (invited/ invited)   invite for dinner

(*encontrar/ achar*)   **find** (found/ found)   find the key

(*dormir*)   **sleep** (slept/ slept)   sleep on the sofa

(*sonhar*)   **dream** (dreamed/ dreamed)   dream you were flying

(*quebrar*)   **break** (broke/ broken)   break the record

(*aprender*)   **learn** (learned/ learned)   learn a new language

FIXAÇÃO

► EXERCÍCIO 11

Vamos ver se você se lembra das três formas de cada verbo (*Simple, Past and Past participle*) e de sua tradução. Complete as lacunas:

a)   give   ►_____ ►_____ (dar   )

b)   _____ ►   knew   ►_____ (_____)

c)	_____	► _____	►	left	(_____)
d)	find	► _____	► _____		(_____)
e)	_____	►	began	► _____	(_____)
f)	ask	► _____	► _____		(_____)
g)	_____	► _____	► _____		(dormir)
h)	win	► _____	► _____		(_____)
i)	_____	► _____	► _____		(ensinar)
j)	_____	► _____	►	needed	(_____)
k)	_____	►	paid	► _____	(_____)
l)	_____	► _____	► _____		(entender)
m)	put	► _____	► _____		(_____)
n)	_____	► _____	►	broken	(_____)
o)	say	► _____	► _____		(_____)

► EXERCÍCIO 12

Uma das melhores técnicas para memorizar novas palavras é colocá-las em um contexto, em uma pequena frase ou simplesmente fazendo combinações usuais com outras palavras mais conhecidas. Neste exercício você deve achar a combinação certa para cada verbo listado abaixo:

like a baby	the new neighbor	the students
the lesson	money	the address
salt in the salad	everybody	a question
your passport	the glass	a cigar

a) lose _____

b) remember _____

c) meet _____

d) put _____

e) ask _____

f) sleep _____

g) need _____

h) break _____

i) smoke _____

j) understand _____

k) invite _____

l) teach _____

CONVERSAÇÃO 6

Como já foi comentado anteriormente, dificilmente duas ou mais pessoas ao dialogarem se mantêm em um único tempo verbal, o mais comum é transitar entre vários. Neste exercício duas ou mais perguntas consecutivas usarão o mesmo verbo, porém, em tempos verbais diferentes. Assim você poderá treinar sua agilidade em falar em vários tempos verbais e ganhar mais fluência.

Não há situações e temas predeterminados, as perguntas são sobre diferentes assuntos do cotidiano.

Este exercício de conversação pode ser feito de duas maneiras:

Modo A (recomendado para iniciantes):

► Responda as perguntas por escrito, prestando bastante atenção a elas.

► Feche o livro, toque a faixa 19 e responda novamente as mesmas perguntas oralmente, interagindo com a voz do áudio como se estivesse com uma pessoa. Seja espontâneo(a), não precisa respondê-las exatamente como fez por escrito.

Modo B:

► Apenas leia as perguntas do livro para ter uma ideia do que tratam.

► Feche o livro, toque a faixa 19 e, com o livro fechado, responda as perguntas oralmente.

🎚️ Faixa 19

1) **What time did you leave work yesterday?**
(A que horas você saiu do trabalho ontem?)

2) Have you left him a message?
(Você deixou um recado para ele?)

---

3) When will your relatives leave?
(Quando seus parentes irão partir?)

---

4) Where have you met your best friend?
(Onde você conheceu seu melhor amigo?)

---

5) Are you going to meet them for lunch?
(Você vai se encontrar com eles para o almoço?)

---

6) Do you need my help?
(Você precisa da minha ajuda?)

---

7) Does your father want to live abroad?
(Seu pai quer morar no exterior?)

---

8) Have you found your wallet?
(Você achou sua carteira?)

---

9) Where did you find the key?
(Onde você encontrou a chave?)

---

10) Do you understand what I am trying to say?
(Você entende o que eu estou tentando dizer?)

---

11) Did you understand what happened?

(Você entendeu o que aconteceu?)

12) Does he get good grades at school?

(Ele tira boas notas na escola?)

13) Have you gotten an answer yet?

(Você recebeu uma resposta de volta?)

14) Did you remember to send the invitation on Monday?

(Você se lembrou de enviar os convites na segunda?)

15) Do you remember his phone number?

(Você lembra o número do telefone dele?)

16) Will you remember the password?

(Você vai se lembrar da senha?)

17) Where have you put the dictionary?

(Onde você pôs o dicionário?)

18) What time did she put the baby to bed?

(A que horas ela pôs o bebê para dormir?)

19) How much sugar do you usually put in your coffee?

(Quanto açúcar você geralmente põe no seu café?)

20) Where did you learn to ride a horse?
(Onde você aprendeu a andar a cavalo?)

21) Are you learning by yourself?
(Você está aprendendo sozinho?)

22) What will you learn there?
(O que você vai aprender aí?)

23) How much did it cost?
(Quanto custou?)

24) Will it cost more than 200?
(Vai custar mais que 200?)

25) Have you ever broken your leg?
(Você já quebrou sua perna?)

26) Who broke the cup yesterday?
(Quem quebrou a xícara ontem?)

27) Will he break the world record tomorrow?
(Ele vai quebrar o recorde mundial amanhã?)

28) When did you start studying English?
(Quando você começou a estudar inglês?)

29) Will you start your new job next week?

(Você vai começar seu novo trabalho na semana que vem?)

_____

30) Is it starting to rain again?

(Está começando a chover de novo?)

_____

COMPREENSÃO AUDITIVA 6

Vamos treinar seus ouvidos para o inglês!

Neste exercício, ouça as perguntas da faixa 20 e escolha as respostas adequadas. Depois, confira se suas escolhas estão corretas no final do livro.

🎵 Faixa 20

1) **a.** ( ) No, I've never been there.
   b. ( ) No, I don't know the answer.

2) **a.** ( ) I'd like to watch a movie.
   b. ( ) I like to stay home on weekends.

3) **a.** ( ) I don't think it's nice.
   b. ( ) I think Sam should go.

4) **a.** ( ) No, Italy has won it.
   b. ( ) No, Brazil won't win it.

5) **a.** ( ) He's lost his passport.
   b. ( ) He's been lost for two years.

6) **a.** ( ) It will happen after the party.
   b. ( ) It will turn off by itself an hour later.

7) **a.** ( ) About 7 hours ago.
    b. ( ) About my graduation party.

8) **a.** ( ) They paid cash.
    b. ( ) They like to pay before.

9) **a.** ( ) No, I watch the news on TV.
    b. ( ) No, what's going on?

10) **a.** ( ) Not yet, but I will tonight.
    b. ( ) Yes, I have his number.

Most used adverbs

[LESSON 7]

Nesta lição você vai praticar conversação com os advérbios mais usados no dia a dia.

> **IMPORTANTE!** Caso não saiba bem ou não lembre como os advérbios são usados, consulte o **Appendix 3** antes ou durante esta lição.

APRESENTAÇÃO

Os advérbios serão apresentados assim:

Advérbio	Tradução	Exemplo para memorização
quite	(bastante)	quite late

Para melhor assimilação, os advérbios serão apresentados sob cinco classificações:

1) Adverbs of frequency
2) Adverbs of degree
3) Adverbs of manner
4) Adverbs of place
5) Adverbs of time

‖╫‖ Ouça a faixa 21 e repita em voz alta os advérbios e os exemplos.

Adverbs of frequency

always *(sempre)* I always go by car.

usually *(geralmente)* She is usually sleepy.

often *(frequentemente)* They often stay home.

sometimes *(às vezes)* I sometimes see him.

occasionally *(ocasionalmente)* They occasionally travel on vacation.

rarely *(raramente)* I am rarely late.

never *(nunca)* They never arrive on time.

ever *(já/ alguma vez)* Have you ever been there?

once *(uma vez)* I call her once a day.

twice *(duas vezes)* They study twice a week.

again *(novamente)* He called again.

Adverbs of degree

very *(muito)* very big

too *(demais)* too expensive

really *(realmente)* really good

quite *(bem/ bastante)* quite happy

pretty *(bem/ bastante)* pretty rich

so *(tão)* so nice

just *(somente/ apenas)* just do it

only *(somente/ apenas)* only you

enough *(suficiente)* not big enough

completely *(completamente)* completely crazy

almost *(quase)* almost there

nearly *(quase)* nearly finished

Adverbs of manner

slowly *(lentamente)* speak slowly

fast *(rápido)* eat fast

suddenly *(de repente)* It suddenly rang

carefully *(cuidadosamente)* drive carefully

easily *(facilmente)* find it easily

calmly *(calmamente)* eat calmly

fluently *(fluentemente)* speak fluently

fortunately *(felizmente)* fortunately, it didn't rain

unfortunately *(infelizmente)* unfortunately we lost

well *(bem)* play well

badly *(mal)* write badly

especially *(especialmente)* especially made

finally *(finalmente)* finally arrived

immediately *(imediatamente)* call the police immediately

seriously *(seriamente)* seriously injured

Adverbs of place

here *(aqui)* stay here

there *(lá)* go there

everywhere *(em todo lugar)* They are everywhere

far *(longe)* He works far

near *(perto)* She lives near

inside *(dentro de)* We had a party inside

outside *(fora de)* They argued outside

Adverbs of time

now *(agora)* Let's go now

today *(hoje)* pay the bills today

yesterday *(ontem)* I met him yesterday

tomorrow *(amanhã)* It'll be tomorrow

next month *(mês que vem)* travel next month

last year *(ano passado)* I bought it last year

soon *(em breve)* See you soon

still *(ainda)* I still remember

then *(então/ depois)* *Then, he left*

yet *(ainda/ já)* haven't finished yet

at noon *(ao meio-dia)* have lunch at noon

at midnight *(à meia-noite)* sleep at midnight

FIXAÇÃO

▶ EXERCÍCIO 13

Pense rápido! Como dizer em inglês estas expressões?

a) cuidadosamente: _____

b) bastante frio: _____

c) ainda: _____

d) sempre: _____

e) de repente: _____

f) seriamente: _____

g) somente: _____

h) à meia-noite: _____

i) às vezes: _____

j) lá: _____

k) tão legal: _____

l) lentamente: _____

m) felizmente: _____

n) nunca: _____

o) em breve: _____

p) ainda: _____

q) quente demais: _____

r) suficiente: _____

s) quase: _____

t) duas vezes: _____

▶ EXERCÍCIO 14

Complete as frases com um dos advérbios a seguir:

slowly	twice	badly	ever	still
yet	fluently	always	carefully	very

a) It's _____ cold. Put on your coat.

b) My grandparents speak German _____ .

c) "Where are the children?" "They're _____ in the backyard".

d) Use that knife _____ . You might cut yourself.

e) You're going to choke. Please eat _____ .

f) Because they behaved _____ , I'm not taking them to the park.

g) Have you _____ seen a famous actor or actress personally?

h) I _____ watch the 10 o'clock news. I never miss it.

i) They go to the beach at least _____ a week, they love it!

j) Why hasn't the pizza arrived _____ ? I'm starving.

CONVERSAÇÃO 7

Seguem-se perguntas utilizando os advérbios apresentados nesta lição. Este exercício de conversação pode ser feito de duas maneiras:

A) Guiado:

Leia as perguntas e responda-as por escrito em inglês usando a respostas-sugestões ("Diga:..."). Depois ouça a faixa 22 e com o livro aberto recite suas respostas, como se estivesse conversando com uma pessoa.

A tradução das respostas-sugestões está no final do livro.

B) Livre:

Leia as perguntas e crie suas próprias respostas por escrito. Quanto mais completa for a resposta, melhor. Ouça a faixa 22 e com o livro aberto recite suas respostas.

𝗂𝗅𝗅𝗅 Faixa 22

1) How often do you drive to work?

_____

(Diga: Eu sempre vou de carro)

2) Why have you bought all those pens?

_____

(Diga: Eles estavam baratos demais, não pude resistir)

3) How did the meeting go yesterday?

_____

(Diga: Correu bem. Finalmente nós concordamos em tudo)

4) When will the movie begin!?

_____

(Diga: Em breve, eu espero)

5) How often do you talk to your parents?

(Diga: Eu tento falar com eles no mínimo duas vezes por mês)

6) Was I wrong?

(Diga: Não, você estava completamente certo)

7) Have you forgotten the key at Kelly's or is it in the car?

(Diga: Infelizmente ela não está nem aqui nem lá. Eu não sei onde a deixei)

8) Do you want me to go on? Isn't it boring?

(Diga: Claro que não! O que aconteceu depois?)

9) Did you enjoy yesterday's dinner at the wedding?

(Diga: Sim adoramos tudo, especialmente a sobremesa)

10) How often do you go out?

(Diga: Eu às vezes saio nos fins de semana.)

11) Does it rain a lot where you live?

(Diga: Somente durante o inverno)

12) Are you taking the course seriously now?

(Diga: Sim, depois que eu quase reprovei realmente comecei a estudar)

13) What happened?

(Diga: Nós estávamos fora e de repente começou a chover)

14) Does he have a lot of money as they say?

_____

(Diga: Sim, ele é bastante rico)

15) How was she when they brought her in?

_____

(Diga: Ela estava seriamente ferida)

Quer melhorar sua fluência um pouco mais?! Então feche o livro, ouça o áudio mais uma vez e responda as mesmas perguntas oralmente. Desta vez seja espontâneo(a). Diga o que vier à cabeça!

COMPREENSÃO AUDITIVA 7

Vamos treinar seus ouvidos para o inglês!

Neste exercício, ouça a faixa 23 e complete as lacunas com as palavras que foram retiradas das frases. Depois, confira se suas respostas estão corretas no final do livro.

ı|ı|ı Faixa 23

1) Did you see how _____ he can play the guitar?

2) He spoke to her _____ about the accident.

3) The baby smiled _____ at his mother.

4) She's _____ mad at you. Maybe you should apologize.

5) We've done _____ for today. Let's go home.

6) He's very famous. He's recognized _____ he goes.

7) They _____ had an accident on the highway.

8) I'm exhausted. I've been working _____ lately.

9) We had to wear jackets because it was getting _____ cold at night.

10) You should have called the police _____.

Countable, uncountable and quantifiers

[LESSON 8]

Nesta lição você vai praticar conversação com substantivos contáveis e incontáveis. Também vai praticar o uso dos principais quantificadores, que são palavras que dão informações sobre a quantidade de algo.

APRESENTAÇÃO

COUNTABLE NOUNS: São os substantivos que podem ser contados sem a ajuda de unidades de medida. Existem nas formas singular e plural.

Exemplos:
car(s): carro(s)
spoon(s): colher(es)
man/ men: homem(ns)
pill(s): pílula(s)
country(ies): país(es)

UNCOUNTABLE NOUNS: São os substantivos que não podem ser contados sem a ajuda de unidades de medida (litros, gramas, quilos, xícaras, colheres etc.) Existem apenas na forma singular.

Exemplos:
milk: leite
gasoline: gasolina
sugar: açúcar
flour: farinha

money: dinheiro
ice-cream: sorvete
meat: carne

▐▌▐▌ Ouça a faixa 24 e repita em voz alta.

QUANTIFIERS:
How many   *(quantos/as)*
How much   *(quanto/a)*
Many   *(muitos/as)*
Much   *(muito/a)*
A lot of   *(muitos/as)*
A few   *(poucos/as)*
A little   *(um pouco)*
Too many   *(demais; com sub. contáveis indica exagero, geralmente de forma negativa)*
Too much   *(demais; com sub. incontáveis indica exagero, geralmente de forma negativa)*
Very few   *(muito poucos/as)*
Very little   *(muito pouco/a)*

Para entender melhor como e com quais substantivos *(countable/ uncountable)* usar estes *quantifiers*, estude os seguintes exemplos:

Imagine perguntar a alguém quantas camisetas ele/ela tem. É muito possível que tal pessoa responda com uma das três opções abaixo:

A) How many T-shirts do you have?

1B) I have 11 T-shirts.
(Sabe exatamente quantas camisetas tem, por isso responde com um número)

2B) I don't know exactly but I have a lot of T-shirts.
(Não sabe bem quantas são, mas sabe que são muitas)

3B) I have a few T-shirts. I don't like to wear them much.
(Não sabe quantas são, mas sabe que são poucas)

Agora imagine dizer a alguém que pretende presenteá-lo(la) com uma camiseta, e ele/ela reage dizendo:

No, please don't. Think of something else, I have too many T-shirts.
(Não sabe exatamente quantas são, mas deixa claro que tem camisetas demais)

Então, para contáveis use:
How many?
a lot of
a few
too many
very few

Imagine perguntar a alguém, ao estar servindo-lhe um café, quanto açúcar ele/ela quer. É provável que a pessoa responda com uma das três opções abaixo:

a) How much sugar do you want?

1B) I want 2 spoons of sugar, please.
(Diz exatamente quanto quer, usando "colheres" como medida)

2B) I want a lot of sugar. I like it really sweet!
(Não diz quanto exatamente, mas diz que quer muito)

3B) I want a little, thank you.
(Não diz quanto exatamente, mas quer um pouco)

Agora imagine oferecer mais açúcar para alguém que diz:

No, thank you. I think there is too much sugar in mine already.
(Está dizendo que já tem demais)

Então, para incontáveis use:
How much?
a lot of
a little
too much
very little

FIXAÇÃO

► EXERCÍCIO 15
Complete as frases a seguir com:

How many	How much	a lot of
a few a little	too many	too much

a) Not many people came to the meeting, only _____ .
b) I have 9 nephews and nieces; I'll have to buy _____ popsicles.
c) _____ liters of milk do they produce per day?
d) We need only 15 chairs in that room. There are more than a 100 there. There are _____ .
e) She doesn't like salt in her salad, so please put just _____ .
f) _____ orange juice did you buy?
g) Everybody says that _____ sugar isn't good for you health.

► EXERCÍCIO 16
Pense rápido! Como dizer em inglês estas expressões?

a) muitos amigos: _____
b) pouco dinheiro: _____
c) muita cerveja: _____
d) poucas horas: _____
e) quanto ar: _____
f) sangue demais: _____

g) erros demais: _____

h) muitas cidades: _____

i) pouca energia: _____

j) muita comida: _____

CONVERSAÇÃO 8

Seguem-se perguntas utilizando os *quantifiers* apresentados nesta lição.

Este exercício de conversação pode ser feito de duas maneiras:

A) Guiado:

Leia as perguntas e responda-as por escrito em inglês usando a respostas-sugestões ("Diga:..."). Depois ouça a faixa 25 e com o livro aberto recite suas respostas, como se estivesse conversando com uma pessoa.

A tradução das respostas-sugestões está no final do livro.

B) Livre:

Leia as perguntas e crie suas próprias respostas por escrito. Quanto mais completa for a resposta, melhor. Ouça a faixa 25 e com o livro aberto recite suas respostas.

ılı||ı Faixa 25

1) How many cousins do you have?

_____

(Diga: Eu tenho muitos primos, eles são mais de 15!)

2) How much did you spend last weekend?

_____

(Diga: Eu gastei muito, levei meus sobrinhos ao parque e depois ao cinema)

3) Is there a lot of coffee in the bottle?

_____

(Diga: Não. Acho que só tem um pouco)

4) Are there a lot of shops in that neighborhood?

(Diga: Sim, há mais de vinte lojas lá)

5) Do you have a lot of homework to do?

(Diga: Não, eu tenho um pouco)

6) How much luggage did you take?

(Diga: Eu levei três malas e uma mochila)

7) Do you eat a lot of bread?

(Diga: Sim, na verdade como pão demais)

8) How many days did you stay there?

(Diga: Nós ficamos poucos dias. Só quatro)

9) Will you invite many people?

(Diga: Sim, pretendo convidar muitos amigos e parentes)

10) How much mayonnaise do you want on your salad?

(Diga: Duas colheres serão suficientes, obrigado/a)

11) How long did it take by car?

(Diga: Poucas horas, menos que cinco)

12) How many questions did you answer?

(Diga: Na verdade, acho que respondi perguntas demais!)

13) Do all the computers work well?

(Diga: Não, só poucos estão funcionando bem)

14) How much information did you gather?

(Diga: Conseguimos muito pouca informação sobre o caso)

15) How much cake did the children eat?

(Diga: Cada criança comeu três pedaços)

16) Are there many trees near your house?

(Diga: Não, infelizmente há poucas árvores lá)

17) Do you know many songs written by him?

(Diga: Sim, eu conheço todas elas)

18) How much water do you drink per day?

(Diga: Eu bebo aproximadamente cinco copos de água todos os dias)

19) So, what happened over there?

(Diga: Desculpe, não tenho muita informação ainda)

20) Is there ice in the fridge?

(Diga: Sim, de quanto você precisa?)

21) I need some sheets of paper. Can I borrow some?

(Diga: Claro! Quantas você quer?)

Quer melhorar sua fluência um pouco mais?! Então feche o livro, ouça o áudio mais uma vez e responda as mesmas perguntas oralmente. Desta vez seja espontâneo(a). Diga o que vier à cabeça!

COMPREENSÃO AUDITIVA 8

Vamos treinar seus ouvidos para o inglês!
Neste exercício, ouça a faixa 26 e responda as perguntas relacionadas a quantidades.

◁▮▮▮ Faixa 26

1) Quanto bolo ela comeu?

2) Quanto vinho ainda tem na garrafa?

3) Por que Jim não pode sair?

4) Por que ele ligou para a mãe dele?

5) Quantos alunos assistiram às aulas de ontem?

6) Por que ele não conseguiu comer o arroz?

7) Por que eles tiveram que ir embora?

8) Qual foi a única coisa que ele não perguntou?

9) Como o pai dele o ajudou a conseguir o emprego?

10) Por que o artigo foi desclassificado?

Prepositions of place

[LESSON 9]

Nesta lição você vai praticar conversação com várias preposições de lugar.

APRESENTAÇÃO

📶 Ouça a faixa 27 e repita as preposições e os exemplos.

1) **In:** em português equivale a "na", "no" e "em" no sentido de "dentro", isto é, algo ou alguém está dentro de um lugar.

    in the drawer   *(na gaveta)*
    in room 6   *(no quarto 6)*
    in New York   *(em Nova Iorque)*
    in the car   *(no carro = dentro dele)*

2) **On:** em português também equivale a "na" e "no", Mas diferente do "in" que indica dentro de um lugar, "on" indica que algo ou alguém está em cima de algum lugar, em cima de uma superfície.

    on page 38   *(na página 38)*
    on the wall   *(na parede)*
    on 5th Ave.   *(na 5ª avenida)*
    on the car   *(em cima do carro)*
    on the floor   *(no chão)*
    on the chair   *(na cadeira)*

3) **At:** Entenda assim: se "in" indica "dentro" e "on" quer dizer "sobre", "at" é usado para especificar a posição, em que lugar exatamente algo ou alguém se encontra. Em português pode ser "na", "no" e "em".

Jim is that man at table 5.
(Jim é aquele homem na mesa 5.)

Imagine que se tivesse dito "on table 5" poderia estar insinuando que Jim está "em cima" da mesa! E se tivesse dito "in table 5" pareceria que ele está "dentro" da mesa!

I will wait for you at the bus stop.
(Vou esperar por você no ponto de ônibus.)

At home, at work, at school.
(Em casa, no trabalho, na escola.)

He works at HSBC bank.
(Ele trabalha no banco HSBC.)

4) **Under =** embaixo

The key was under the chair.
(A chave estava embaixo da cadeira.)

5) **Over** ou **above =** acima

There's a fly over your head.
(Há um mosquito acima da sua cabeça.)

6) **Below =** abaixo de

Most of Brazil is below the equator line.
(A maior parte do Brasil está abaixo da linha do Equador.)

7) In front of = na frente (cara a cara)

He stood in front of me.
(Ele ficou parado na minha frente.)

8) Across = em frente/ do outro lado

The drugstore is across from the bank.
(A farmácia fica em frente ao banco.)

9) Inside = dentro

Take the kids inside.
(Leve as crianças para dentro.)

10) Outside = fora

They had lunch outside the house.
(Eles almoçaram fora de casa.)

11) Through = através

She jumped through the window.
(Ele pulou através da janela.)

12) Between = entre (entre dois)

I sit between Jane and Melanie.
(Eu sento entre Jane e Melanie.)

My house is between the bakery and the drugstore.
(Minha casa fica entre a padaria e a farmácia.)

13) Among = entre ("entre" vários)

He likes to be among friends.
(Ele gosta de estar entre amigos.)

It's among many tress.
(Fica entre muitas árvores.)

14) Behind = atrás de

The broom is behind the door.
(A vassoura está atrás da porta.)

15) By = ao lado de (bem próximo)

He planted the tree by the wall.
(Ele plantou a árvore ao lado do muro.)

16) Beside = ao lado de

The hotel is beside the airport.
(O hotel fica ao lado do aeroporto.)

17) Near = perto (de)

He lives near the City Hall.
(Ele mora perto da prefeitura.)

18) Far = longe

They built the hospital far from downtown.
(Eles construíram o hospital longe do centro.)

FIXAÇÃO

► **EXERCÍCIO 17**
Pense rápido! Como dizer em inglês estas expressões?

a) dentro da caixa: _____

b) embaixo da cama: _____

c) no teto: _____

d) na frente da igreja: _____

e) entre as duas janelas: _____

f) atrás do vaso: _____

g) através do parque: _____

h) perto da ponte: _____

i) espere na porta: _____

j) ao lado da TV: _____

k) no banheiro: _____

l) acima da cidade: _____

m) do outro lado da rua: _____

n) fora da loja: _____

o) longe daqui: _____

p) acampar ao lado do rio: _____

q) abaixo de zero: _____

r) entre muitos prédios: _____

► **EXERCÍCIO 18**
Ligue as duas metades de cada frase acrescentando um das seguintes preposições.

through	outside	in front of	at
between in	under	over on	far

1) He left the car

2) What's he holding

3) Because it's too

a) _____ _____ me all the time.

b) _____ the fire place.

c) _____ the big tree.

4) I couldn't see anything because there was a tall guy

d) _____ the garage last night.

5) I usually park my car

e) _____ 68 Sunset St.

6) The bird came in

f) _____ his hand?

7) Who sits

g) _____ , we can't go on foot.

8) We hung their picture

h) _____ you and Mark?

9) Let's lie down

i) _____ the grass and relax!

10) Their house is

j) _____ that small hole over there.

CONVERSAÇÃO 9

Seguem perguntas cujas respostas envolvem as preposições apresentadas nesta lição.

Este exercício de conversação pode ser feito de duas maneiras:

A) Guiado:

Leia as perguntas e responda-as por escrito em inglês usando a respostas-sugestões ("Diga:..."). Depois, ouça a faixa 28 e com o livro aberto recite suas respostas, como se estivesse conversando com uma pessoa.

A tradução das respostas-sugestões está no final do livro. Após tentar sozinho(a) você deve conferir suas respostas.

B) Livre:

Leia as perguntas e crie suas próprias respostas por escrito. Quanto mais completa for a resposta, melhor. Ouça a faixa 28 e com o livro aberto recite suas respostas.

🔊 Faixa 28

1) Where is the key?

_____

(Diga: Ela está embaixo do jornal)

2) Is the remote control beside the TV?

(Diga: Não, ele está em cima da TV)

3) Where can I find that article?

(Diga: Ele está na página 27)

4) Did you bring the coins?

(Diga: Sim, elas estão no meu bolso)

5) How did you get there so fast?

(Diga: Nós passamos através do parque!)

6) Where was she when you saw her?

(Diga: Ela estava na janela do seu apartamento)

7) Do they live near that supermarket?

(Diga: Na verdade eles moram entre o mercado e a farmácia)

8) Where were you last night?

(Diga: Eu estava na casa da Karen)

9) Where have they opened the new store?

(Diga: Eles a abriram na rua Baker)

10) Where should we turn?

(Diga: Vocês devem virar à esquerda no semáforo)

11) Can I talk to your sister?

(Diga: Ela ainda está no escritório, você pode ligar depois?)

12) Where did you put the sign?

(Diga: Eu o coloquei na porta)

13) Did you set the tent near the tree?

(Diga: Não, nós a montamos ao lado do lago)

14) Where will you put the new vase?

(Diga: Em cima do tapete abaixo da janela)

15) Where will he wait for you?

(Diga: Na frente do cinema na avenida Brasil)

Quer melhorar sua fluência um pouco mais?! Então feche o livro, ouça o áudio mais uma vez e responda as mesmas perguntas oralmente. Desta vez seja espontâneo(a). Diga o que vier à cabeça!

COMPREENSÃO AUDITIVA 9

Ouça a faixa 29 e responda a mesma pergunta nas 10 situações diferentes:

◀|||▶ Faixa 29

Where did he leave the key?
(Onde ele deixou/ pôs a chave?)

1)

2)

3)

4)

5)

6)

7)

8)

9)

10)

Most used modal verbs

[LESSON 10]

Nesta lição você vai praticar conversação com os Modal verbs mais usados no dia a dia.

> **IMPORTANTE!** Se você tiver dúvidas, ou não lembrar como os principais verbos modais funcionam, consulte o **Appendix 6** antes ou durante esta lição.

APRESENTAÇÃO

Os *Modal verbs* serão apresentados assim:

Modal verb	Tradução	Usado para expressar	Exemplo para memorização
can	(poder)	permissão	Can I go now?

ılıll Ouça a faixa 30 e repita em voz alta os *Modal verbs* e os exemplos.

Should *(deveria)* *(obrigação)* It's getting late, I should go.
Should *(deveria)* *(conselho)* She should study harder at home.

Must *(dever)* *(obrigação)* You must get a visa to enter that country.
Must *(dever)* *(possibilidade)* He must be the new principal.

Can *(poder)* *(permissão/ proibição)* Can I go now? You can't park here.
Can *(saber)* *(habilidade)* Can you drive?
Can *(conseguir)* *(capacidade)* I can't open this window, it's stuck!

Could *(poderia)* *(permissão no presente)* Could I use your pen for a minute?

Could *(passado de "can" em seus três usos)* I couldn't get out, she didn't let me. I could draw very well when I was a kid. I could dive and touch the bottom when I was 15.

May *(poderá)* *(possibilidade)* They may finish before noon.

May *(poder)* *(permissão – mais formal)* May I help you, sir?

Might *(poderá)* *(possibilidade – mais remota)* I'm not sure, but they might leave tonight

FIXAÇÃO

▶ EXERCÍCIO 19

Pense rápido! Como dizer em inglês estas expressões?

a) Eu posso ir: _____

b) Eu devo ir: _____

c) Eu poderia ir: _____

d) Eu poderei ir (talvez eu vá): _____

e) Eu deveria ir: _____

f) Ele não pode ficar: _____

g) Ele não deve ficar: _____

h) Ele poderá não ficar: _____

i) Ele não deveria ficar: _____

j) Ele não pôde ficar ontem: _____

▶ EXERCÍCIO 20

A) Complete com: **can't**, **might** or **must**:

    a) When you are in England, you _____ drive on the left side of the road.

b) My mother is diabetic, she _____ eat too much sugar.

c) If you don't go to the meeting, they _____ get mad at you.

B) Complete com: **should**, **can** or **may**:

  a) Those clouds are getting closer, it _____ rain later.

  b) The doctor said I _____ work out more frequently.

  c) "I forgot my cell phone at home!"
  "You _____ use mine here it is".

C) Complete com: **could**, **must** or **can**:

  a) Our new neighbor has a Ferrari. He _____ be very rich!

  b) _____ you play the piano?

  c) How _____ we know that he was lying?!

D) Complete com: **must**, **should** or **can**:

  a) Before you enter a mosque, you _____ take off you shoes.

  b) You _____ stay here for the night if you want.

  c) I saw James with another girl last might. Do you think I _____ _____ tell Ann?

CONVERSAÇÃO 10

Seguem-se perguntas utilizando os *Modal verbs* apresentados nesta lição.

Este exercício de conversação pode ser feito de duas maneiras:

A) Guiado:

Leia as perguntas e responda-as por escrito em inglês usando a respostas-sugestões ("Diga:..."). Depois ouça a faixa 31 e com o livro aberto recite suas respostas, como se estivesse conversando com uma pessoa.

A tradução das respostas-sugestões está no final do livro.

B) Livre:

Leia as perguntas e crie suas próprias respostas por escrito. Quanto mais completa for a resposta, melhor. Ouça a faixa 31 e com o livro aberto recite suas respostas.

◀ılı▶ Faixa 31

1) Why weren't you at the meeting last night?

(Diga: Eu não pude ir porque não estava me sentindo bem)

2) I've had this terrible headache all morning.

(Diga: Você deveria tomar um analgésico)

3) Will you go if she invites you?

(Diga: Sim, eu vou. Se eu não for, ela poderá pensar que não gosto dela)

4) Can your parents speak Arabic?

(Diga: Sim, ambos sabem. E meu pai sabe falar francês também)

5) Is that man our new chemistry teacher?

(Diga: Ele não pode ser o novo professor; parece muito jovem)

6) So what should I do if it stops working?

(Diga: Você deve me ligar imediatamente)

7) Do you want to hang out tonight?

(Diga: Não posso. Devo terminar o relatório hoje à noite)

8) I didn't know you played the guitar!

(Diga: Agora eu raramente pratico, mas sabia tocar muitas musicas há alguns anos)

9) What time will we start on Monday?

(Diga: Todos devem estar lá antes das 8)

10) Is she coming alone?

(Diga: Ela poderá trazer seu filho também)

11) Have you forgotten your cell phone?

(Diga: Sim. Eu poderia usar o seu, por favor?)

12) Can the baby walk?

(Diga: Ainda não. Ele só consegue engatinhar)

13) As soon as you finish filling out the form, please let me know, ok?

(Diga: Posso usar lápis ou ele deve ser feito à caneta?)

14) Do you think she'll call or not?

(Diga: Na minha opinião você deveria ligar para ela.)

15) Why hasn't Tina arrived yet?

(Diga: Ela deve estar a caminho. Vamos esperar)

Quer melhorar sua fluência um pouco mais?! Então feche o livro, ouça o áudio mais uma vez e responda as mesmas perguntas oralmente. Desta vez seja espontâneo(a). Diga o que vier à cabeça!

COMPREENSÃO AUDITIVA 10

Vamos treinar seus ouvidos para o inglês!
Ouça a faixa 32 e escolha a frase que expressa corretamente o que é dito.

🎵 Faixa 32

1) **a.** (   ) Ela não sabe falar francês.
    b. (   ) Ela não pode contratar uma intérprete.

2) **a.** (   ) Ele deveria deixar o emprego.
    b. (   ) Ele pode deixar o emprego.

3) **a.** (   ) Ela deveria ficar na casa da prima.
    b. (   ) Ela pode ficar na casa da prima.

4) **a.** (   ) Eles talvez irão conosco.
    b. (   ) Eles devem ir conosco.

5) **a.** (   ) Ele sabia dançar muito bem.
    b. (   ) Ele era capaz de dançar muito bem.

6) **a.** (   ) Você não deveria estacionar aqui.
    b. (   ) Você não pode estacionar aqui.

7) **a.** (   ) Eles irão chegar antes do meio-dia.
    b. (   ) Eles poderão chegar antes do meio-dia.

8) **a.** (   ) Não é aconselhável, mas ele tem permissão.
    b. (   ) Ele não pode porque é proibido.

9) **a.** (   ) Ele deve ser professor.
    b. (   ) Ele não pode ser professor.

10) **a.** (   ) Eles não tinham permissão para entrar.
    b. (   ) Eles não conseguiram entrar.

Most used adjectives II

Adjectives and their comparative and superlative forms.

[LESSON 11]

Nesta lição você vai praticar conversação com 30 dos adjetivos mais usados no dia a dia. Também vai praticar com as formas comparativa e superlativa (de superioridade) dos mesmos.

> **IMPORTANTE!** Caso não saiba bem ou não lembre como as formas comparativas e superlativas são feitas, consulte o **Appendix 2** antes ou durante esta lição.

APRESENTAÇÃO

Os adjetivos serão apresentados assim:

Tradução	Adjetivo	Forma comparativa/ superlativa	Exemplo para memorização
(quente)	hot	(hotter/ the hottest)	hot coffee

◁))) Ouça a faixa 33 e repita em voz alta os adjetivos e os exemplos.

(sujo)　**dirty** (dirtier/ the dirtiest)　dirty shoes
(limpo)　**clean** (cleaner/ the cleanest)　a clean bathroom
(confortável)　**comfortable** (more comfortable/ the most comfortable) a comfortable chair
(alto)　**tall** (taller/ the tallest)　a tall tree
(baixo)　**short** (shorter/ the shortest)　a short man
(sortudo)　**lucky** (luckier/ the luckiest)　a lucky guess

(*difícil/ duro*)   **hard** (harder/ the hardest)   a hard test

(*seguro*)   **safe** (safer/ the safest)   a safe place

(*pesado*)   **heavy** (heavier/ the heaviest)   a heavy suitcase

(*leve*)   **light** (lighter/ the lightest)   a light meal

(*saudável*)   **healthy** (healthier/ the healthiest)   healthy food

(*vazio*)   **empty** (emptier/ the emptiest)   an empty bottle

(*barulhento*)   **noisy** (noisier/ the noisiest)   a noisy street

(*seco*)   **dry** (drier/ the driest)   dry clothes

(*molhado*)   **wet** (wetter/ the wettest)   wet grass

(*importante*)   **important** (more important/ the most important) an important meeting

(*inteligente*)   **intelligent** (more intelligent/ the most intelligent) an intelligent person

(*burro*)   **stupid** (more stupid/ the most stupid)   a stupid idea

(*perigoso*)   **dangerous** (more dangerous/ the most dangerous) a dangerous neighborhood

(*rápido*)   **fast** (faster/ the fastest)   a fast car

(*lento*)   **slow** (slower/ the slowest)   slow traffic

(*doce*)   **sweet** (sweeter/ the sweetest)   sweet wine

(*feliz*)   **happy** (happier/ the happiest)   a happy end

(*triste*)   **sad** (sadder/ the saddest)   sad news

(*gentil*)   **kind** (kinder/ the kindest)   a kind gesture

(*maravilhoso*)   **wonderful** (more wonderful/ the most wonderful) a wonderful day

(*cuidadoso*)   **careful** (more careful/ the most careful)   be careful!

(*arrumado*)   **tidy** (tidier/ the tidiest)   a tidy room

(*tranquilo*)   **quiet** (quieter/ the quietest)   a quiet life

(*macio*)   **soft** (softer/ the softest)   soft hands

FIXAÇÃO

▶   EXERCÍCIO 21

Você sabe qual é o antônimo dos seguintes adjetivos? Escreva-os ao lado de cada palavra:

a) safe ≠ _____

b) messy ≠ _____

c) slow ≠ _____

d) dry ≠ _____

e) short ≠ _____

f) noisy ≠ _____

g) happy ≠ _____

h) full ≠ _____

i) bitter ≠ _____

j) hard ≠ _____

k) clean ≠ _____

l) heavy ≠ _____

► EXERCÍCIO 22

Uma das melhores técnicas de fixação de novas palavras é colocá-las e um contexto, um exemplo que o(a) faça imaginar ou visualizar o que elas representam.

Neste exercício você deve criar uma frase, pequena ou grande, ou uma simples combinação usando os adjetivos que acabou de aprender. Não vale as que já foram usadas na apresentação do início desta lição.

Seja criativo(a) e espontâneo(a)!

a) lucky: _____

b) dirty: _____

c) tall: _____

d) comfortable: _____

e) heavy: _____

f) slow: _____

g) clean: _____

h) hard: _____

i) noisy: _____

j) dangerous: _____

k) fast: _____

l) short: _____

m) intelligent: _____

n) light: _____

o) healthy: _____

p) wet: _____

q) important: _____

r) sweet: _____

s) careful: _____

t) stupid: _____

u) happy: _____

v) soft: _____

w) dry: _____

x) sad: _____

y) quiet: _____

z) tidy: _____

CONVERSAÇÃO 11

Seguem-se perguntas utilizando os adjetivos e suas formas comparativas e superlativas apresentados nesta lição.

Este exercício de conversação pode ser feito de duas maneiras:

A) Guiado:

Leia as perguntas e responda-as por escrito em inglês usando a respostas-sugestões ("Diga:..."). Depois, ouça a faixa 34 e com o livro aberto recite suas respostas, como se estivesse conversando com uma pessoa.

A tradução das respostas-sugestões está no final do livro.

B) Guiado:

Leia as perguntas e crie suas próprias respostas por escrito. Quanto mais completa for a resposta, melhor. Ouça a faixa 34 e com o livro aberto recite suas respostas.

▪ılıİⁱ Faixa 34

1) Are you taller than your father?

(Diga: Não, eu sou um pouco mais baixo que ele)

2) Was the math test harder than the chemistry one?

(Diga: Sim, eu acho que ela foi a mais difícil deste semestre)

3) What's the fastest way to get to the airport?

(Diga: O modo mais rápido é de metrô)

4) Why did you move to another neighborhood?

(Diga: A rua onde eu morava era muito barulhenta)

5) Do you want to go for a pizza later?

(Diga: Não, obrigado/a, estou tentando comer comida mais saudável ultimamente)

6) What was inside the box?

(Diga: Nada, estava vazia!)

7) Do you want some help with those books?

(Diga: Sim, obrigado/a, você é muito gentil)

8) Did I tell you that I am afraid of flying?

(Diga: Sério? Você não deveria, é uma das maneiras mais seguras de viajar)

9) Why did you choose this car instead of the other one?

(Diga: Porque ele é muito mais confortável que o outro)

10) Does it rain a lot in April?

_____

(Diga: Não, na verdade é um dos meses mais seco do ano)

11) When will you do the final test?

_____

(Diga: Na próxima segunda, me deseje sorte!)

12) Did you know that hummingbirds are the only birds which can fly in all directions?

_____

(Diga: Sim, e são também os mais leves dentre todos os pássaros)

Quer melhorar sua fluência um pouco mais?! Então feche o livro, ouça o áudio mais uma vez e responda as mesmas perguntas oralmente. Desta vez seja espontâneo(a). Diga o que vier à cabeça!

COMPREENSÃO AUDITIVA 11

Vamos treinar seus ouvidos para o inglês!

Neste exercício, ouça a faixa 35 e complete as lacunas com as palavras que foram retiradas das frases. Depois, confira se suas respostas estão corretas no final do livro.

ılıllı Faixa 35

1) You should be more _____ the next time you ride that bike.

2) That was _____ day of my life!

3) Let's stay in this hotel, it looks _____ than the other one.

4) This towel seems even _____ let's ask for new ones.

5) Paul won it twice! He's the _____ person I know!

6) I bought this blouse because of its _____ fabric.

7) He'll get even _____ if you tell him the whole story.

8) That's the _____ thing you've ever said to me!

9) Although it doesn't say so, we still think it's _____ to use it inside the house.

10) Paris was definitely the _____ city we've ever been to.

Possessive, object and reflexive pronouns

[LESSON 12]

Nesta lição você vai praticar conversação com os *Possessive adjectives* e os *Possessive, Object and Reflexive Pronouns*.

> **IMPORTANTE!** Caso não saiba bem ou não lembre como os pronomes são usados, consulte o **Appendix 4** antes ou durante esta lição.

APRESENTAÇÃO

◖◗ Ouça a faixa 36 e repita em voz alta os pronomes e os exemplos.

Possessive adjectives

Os *Possessive adjectives* são sempre precedidos de um substantivo:

(*meu/s, minha/s*) **my** my friend
(*teu/s , tua/s*) **your** your house
(*dele*) **his** his wife
(*dela*) **her** her husband
(*dele/a – para animal ou objeto*) **its** its tail
(*nosso/s/ nossa/s*) **our** our teacher
(*vosso/a/s*) **your** your aunt
(*deles/ delas*) **their** their son

Possessive pronouns

Os *Possessive pronouns* nunca são precedidos por um substantivo.

(*meu/s, minha/s*)   **mine**   It's mine.
(*teu/s, tua/s*)   **yours**   Is that yours?
(*dele*)   **his**   My father knows his.
(*dela*)   **hers**   My mother works with hers.
(*dele/a – para animal ou objeto*)   **its**   The house is its.
(*nosso/s, nossa/s*)   **ours**   Ours is better.
(*nosso/s, vossa/s*)   **yours**   Yours is finished.
(*deles/ delas*)   **theirs**   Theirs are near.

Object pronouns

Os *Object pronouns* aparecem como objeto (*direto ou indireto*) da oração:

(*me/ mim*)   **me**   Brian saw me.
(*te/ ti*)   **you**   Does Tarek know you?
(*o/ ele*)   **him**   I talked to him.
(*a/ ela*)   **her**   Garry loves her.
(*o/ a/ ele/ ela*)   **it**   I bought it on the internet.
(*nos/ nós*)   **us**   Anny called us.
(*vos/ vocês*)   **you**   The lawyers believe you.
(*os/ as/ eles/ elas*)   **them**   The police talked to them.

Reflexive pronouns

Os *Reflexive pronouns* são usados quando o sujeito e o objeto da frase são os mesmos.

(*me/ a mim mesmo*)   **myself**   I saw myself.
(*se/ a você mesmo*)   **yourself**   you saw yourself.
(*se/ a ele mesmo*)   **himself**   he saw himself.
(*se/ a ela mesma*)   **herself**   she saw herself.
(*se/ a ele/a mesmo/a*)   **itself**   the dog saw itself.
(*nos/ a nós mesmos*)   **ourselves**   we saw ourselves.

(*se/ a vós mesmos*) **yourselves**   you saw yourselves.
(*se/ a eles/as mesmas*) **themselves**   they saw themselves.

FIXAÇÃO

▶   EXERCÍCIO 23
Complete a tabela com os pronomes e adjetivos:

Subject	Object	Possessive adjectives	Possessive	Reflexive
I				
YOU				
HE				
SHE				
IT				
WE				
YOU				
THEY				

▶   EXERCÍCIO 24

A) Complete com: **me – myself – my – mine**.
   a) You take your bag and I'll take _____ .
   b) She started crying when she saw _____ .
   c) I almost burned _____ with those matches.
   d) They can use _____ computer, it's okay.

B) Complete com: **them – themselves – their – theirs**.
   a) _____ house is on a corner, like ours.
   b) I just talked to _____ on the phone.
   c) If these are not yours, they must be _____ .
   d) They really enjoyed _____ that evening.

C) Complete com: **him – himself – his – his.**

   a) George proposed to _____ girlfriend in front of everybody.

   b) Carmen was reading her book while Tom was reading _____
   _____ .

   c) Have you seen the teacher? I need to give _____
   an important message.

   d) When the little boy saw _____ on the mirror,
   he started laughing!

CONVERSAÇÃO 12

Seguem-se perguntas utilizando os pronomes apresentados nesta lição. Este exercício de conversação pode ser feito de duas maneiras:

A) Guiado:

Leia as perguntas e responda-as por escrito em inglês usando a respostas-sugestões ("Diga:..."). Depois ouça a faixa 37 e com o livro aberto recite suas respostas, como se estivesse conversando com uma pessoa.

A tradução das respostas-sugestões está no final do livro.

B) Livre:

Leia as perguntas e crie suas próprias respostas por escrito. Quanto mais completa for a resposta, melhor. Ouça a faixa 37 e com o livro aberto recite suas respostas.

꘡꘡꘡ Faixa 37

1) Have you told Jane about the meeting?

_____

(Diga: Não, eu não a vi ontem)

2) Is this agenda yours?

_____

(Diga: Não, a minha é preta, esta deve ser da Ângela)

3) Where will you meet Jack and Lina?

(Diga: Eu vou encontrá-los na casa deles amanhã à tarde)

4) What did she say about the newspaper article?

(Diga: Ela gostou de se ver na página da frente!)

5) Is your new teacher doing a good job?

(Diga: Eu não sei, gostava do nosso professor anterior)

6) I didn't do well on the test. How about you?

(Diga: Minha nota é um pouco melhor que a sua)

7) Did they win the competition?

(Diga: Não. Mas eles não deveriam se culpar)

8) Does your mother know Katherine's mother?

(Diga: Sim, minha mãe trabalha com a dela)

9) A man called Benjamin asked for you. Do you know who he is?

(Diga: Sim, é um amigo meu)

10) Do you still have some of that chocolate cake?

(Diga: Sim, está na geladeira, por favor, sirva-se)

11) Whose cell phone is that on the desk?

(Diga: Se não é seu nem meu, deve ser do Antonio)

12) Where did she put the documents from the bank?

_____

(Diga: Ela deve tê-los colocado na gaveta dela)

13) Can I talk to you for a minute?

_____

(Diga: Claro, no seu escritório ou no meu?)

14) How did you convince them?

_____

(Diga: Eu disse que se eles se comportassem eu daria um picolé para cada um)

15) What happened to her son?

_____

(Diga: Ele se cortou com a tesoura esta manhã)

Quer melhorar sua fluência um pouco mais?! Então feche o livro, ouça o áudio mais uma vez e responda as mesmas perguntas oralmente. Desta vez seja espontâneo(a). Diga o que vier à cabeça!

COMPREENSÃO AUDITIVA 12

Vamos treinar seus ouvidos para o inglês!

Escute as frases, faixa 38 e complete as lacunas com um _Object, possessive_ ou _reflexive pronouns_, ou com um _Possessive adjective_.

᪉᪉᪉ Faixa 38

1) Doesn't history always repeat _____ ?
2) The cats are hungry. I'll feed _____ , then I'll talk to you.
3) It's an incredible opportunity for _____ let's not waste it.
4) My sisters are all here and they want to see _____ .
5) A friend of _____ came in this morning.
6) He always burns _____ when he tries to cook!
7) I loved that song! What's _____ title?

8) You shouldn't blame _____ for what happened.

9) Kim has two brothers. _____ ages are 20 and 25.

10) After I take your picture, can you please take _____ ?

Most used phrasal verbs

[LESSON 13]

Nesta lição você vai praticar conversação com 40 dos *Phrasal verbs* mais usados em inglês.

> **IMPORTANTE!** Se você tiver dúvidas, ou não lembrar como os principais *phrasal verbs* funcionam, consulte o **Appendix 5** antes ou durante esta lição.

Os *Phrasal verbs* serão apresentados assim:

Phrasal verb	Tradução	Passado/ Particípio
call off	(cancelar)	(called off/ called off)

꜊꜊꜊꜊ Ouça a faixa 39 e repita os *Phrasal verbs* em voz alta.

break up   *(romper relações)*   (broke up/ broken up)
call of   *(cancelar)*   (called off/ called off)
find out   *(descobrir)*   (found out/ found out)
get along with   *(dar-se bem com)*   (got along with/ gotten along with)
get on   *(subir em)*   (got on/ gotten on)
get off   *(descer)*   (got off/ gotten off)
give up   *(desistir)*   (gave up/ given up)
go away   *(ir embora)*   (went away/ gone away)
look after   *(tomar conta de)*   (looked after/ looked after)
look for   *(procurar)*   (looked for/ looked for)
pick up   *(pegar, buscar)*   (picked up/ picked up)

put off *(adiar)* (put off/ put off)

put up with *(suportar, aguentar)* (put up with/ put up with)

run away *(fugir)* (ran away/ run away)

throw away *(jogar fora)* (threw away/ thrown away)

pass away *(falecer)* (passed away/ passed away)

put away *(guardar)* (put away/ put away)

go back *(voltar)* (went back/ gone back)

give back *(devolver)* (gave back/ given back)

fill in *(preencher)* (filled in/ filled in)

get in *(entrar)* (got in/ gotten in)

get out *(sair)* (got out/ gotten out)

figure out *(compreender)* (figured out/ figured out)

work out *(funcionar, malhar)* (worked out/ worked out)

get up *(levantar-se)* (got up/ gotten up)

turn on *(ligar, acender)* (turned on/ turned on)

turn off *(desligar, apagar)* (turned off/ turned off)

take care of *(cuidar de)* (took care off/ taken care off)

stand up *(levantar-se)* (stood up/ stood up)

sit down *(sentar-se)* (sat down/ sat down)

keep on *(continuar)* (kept on/ kept on)

get rid of *(livrar-se de)* (got rid of/ gotten rid of)

catch up with *(alcançar, atualizar)* (caught up with/ caught up with)

turn down *(recusar)* (turned down/ turned down)

hurry up *(apressar-se)* (hurried up/ hurried up)

look forward to *(aguardar ansiosamente por)* (looked forward to/ looked forward to)

stay away *(ficar afastado)* (stayed away/ stayed away)

carry out *(completar, realizar)* (carried out/ carried out)

break down *(quebrar, pifar, sucumbir)* (broke down/ broken down)

try on *(experimentar-roupa/ calçado)* (tried on/ tried on)

► EXERCÍCIO 25

Complete os *Phrasal verbs* com uma das seguintes partículas:

up	on	off	away	after	for
in	back	out	down	of	with

a) procurar = look _____

b) subir = get _____

c) compreender = figure _____

d) guardar = put _____

e) romper relações = break _____

f) entrar = get _____

g) desligar = turn _____

h) continuar = keep _____

i) experimentar (roupa) = try _____

j) livrar-se = get rid _____

k) ficar afastado = stay _____

l) tomar conta = look _____

m) preencher = fill _____

n) fugir = run _____

o) cancelar = call _____

p) ir embora = go _____

q) devolver = give _____

r) recusar = turn _____

s) aguentar = put _____

t) apressar-se = hurry _____

► EXERCÍCIO 26

Complete com:

> get up   turn off   called off   carried on
> went back   get on   put off   put on   fill in
> ran away   try on   broke down   turn off
> works out   keep on   look for   get along
> catch up   pick up   give up

a) She asked him to _____ the light.

b) He _____ when they told him his father has died.

c) The concert was _____ because of the bad weather.

d) I _____ working until 2 a.m.!

e) Could you _____ this form, please?

f) Tarek _____ with his brother-in-law.

g) They _____ home after school.

h) You should _____ bus number 17 at the station.

i) What time did you _____ today?

j) It's hard to _____ smoking.

k) Don't stop! _____ ! What happened then?

l) I have to _____ my pen drive, I forgot where I put it.

m) They _____ the meeting until Thursday.

n) _____ your jacket, it's cold outside.

o) The cat was frightened, it _____ .

p) I'd like to _____ this white shirt.

q) I want to sleep. Can you please _____ the light?

r) He's lost 7 kilos in two months. He _____ every day.

s) I missed two weeks of school last month. I need to _____ _____ with the class.

t) I have to _____ my wife from the airport at ten.

CONVERSAÇÃO 13

Seguem-se perguntas utilizando alguns Phrasal verbs apresentados nesta lição.

Este exercício de conversação pode ser feito de duas maneiras:

A) Guiado:

Leia as perguntas e responda-as por escrito em inglês usando a respostas-sugestões ("Diga:..."). Depois, ouça a faixa 40 e com o livro aberto recite suas respostas, como se estivesse conversando com uma pessoa. A tradução das respostas- sugestões está no final do livro.

B) Livre:

Leia as perguntas e crie suas próprias respostas por escrito. Quanto mais completa for a resposta, melhor. Ouça a faixa 40 e com o livro aberto recite suas respostas.

ılı|||ı Faixa 40

1) Is Sally still going out with David?

_____

(Diga: Não, eles romperam em Janeiro)

2) What if it starts to rain?

_____

(Diga: Eles terão que cancelar a corrida)

3) Do you like your mother–in–law?

_____

(Diga: Sim! Na verdade nós nos damos muito bem!)

4) Where are you going to leave your cat while you're gone?

_____

(Diga: Vou pedir para minha mãe tomar conta dele)

5) What time is your dad arriving?

(Diga: Eu vou pegá-lo do aeroporto às 9:00)

6) Wasn't the seminar supposed to be this Wednesday?

(Diga: Sim, mas eles o adiaram para sexta-feira)

7) Why hasn't Josh showed up this week?

(Diga: Parece que o avô dele faleceu no domingo)

8) What happened that day?

(Diga: Eu não sei, ainda estou tentando compreender)

9) I'm leaving. Are you staying?

(Diga: Sim, eu vou. Depois que eu terminar, vou desligar os computadores)

10) Is Jennifer still attending college?

(Diga: Não. Infelizmente ela desistiu no começo deste ano)

11) These are really comfortable sneakers. I'm sure you'll like them.

(Diga: Eu vou experimentá-los e te digo depois)

12) Why did you arrive late today?

(Diga: Meu carro quebrou logo que saí de casa)

13) What are you doing out there?

(Diga: Eu estou procurando meu pen drive)

14) Do you think I should accept their offer?

(Diga: Eu não recusaria se fosse você)

15) Are you coming with us now or what?

(Diga: Vocês podem ir. Vou alcançá-los em alguns minutos)

16) It's getting hot in here, isn't it?

(Diga: Você está certo. Vou ligar o ar-condicionado)

17) Did she try to give the baby the pacifier?

(Diga: Sim, mas ele continuou chorando)

18) How can I participate of the raffle?

(Diga: Você tem de preencher este cupom)

19) So, are you going to the wedding?

(Diga: Claro! Estou aguardando ansiosamente por ele)

20) Have you got the book from the library?

(Diga: Sim, e vou ter de devolvê-lo na próxima terça)

Quer melhorar sua fluência um pouco mais?! Então feche o livro, ouça o áudio mais uma vez e responda as mesmas perguntas oralmente. Desta vez seja espontâneo(a). Diga o que vier à cabeça!

COMPREENSÃO AUDITIVA 13

Vamos treinar seus ouvidos para o inglês!

Em cada frase um *Phrasal verb* foi utilizado. Você deve ouvir a faixa 41 e anotar cada um e sua respectiva tradução.

◗◗◗ Faixa 41

1) _____ tradução: _____

2) _____ tradução: _____

3) _____ tradução: _____

4) _____ tradução: _____

5) _____ tradução: _____

6) _____ tradução: _____

7) _____ tradução: _____

8) _____ tradução: _____

9) _____ tradução: _____

10) _____ tradução: _____

11) _____ tradução: _____

12) _____ tradução: _____

Indefinite pronouns

[LESSON 14]

Nesta lição você vai praticar conversação com os *Indefenite pronouns* (some, any, no) e seus compostos (somebody, anybody, nobody, something, anything etc.)

APRESENTAÇÃO

🎵 Ouça a faixa 42 e repita em voz alta os *pronouns* e os exemplos.

SOME
Usam-se **some** e seus compostos em frases afirmativas.

some *(algum/a , alguns/mas)* I have some friends in London.
something *(alguma coisa)* I ate something before I left.
somebody/ someone *(alguém)* I saw somebody in the hall.
somewhere *(algum lugar)* I went somewhere quieter.

ANY
Usam-se **any** e seus compostos em frases negativas e interrogativas.

any *(algum/a , nenhum/a)* I don't have any friends in New York. Do you have any friends in Sidney?
anything *(alguma coisa/ nada)* I didn't eat anything this morning. Did you eat anything before you left?
anybody/ anyone *(alguém/ ninguém)* I didn't see anybody in the hall. Did you see anybody in the hall?

anywhere *(algum lugar/ nenhum lugar)* I didn't go <u>anywhere</u> on the weekend. Did you go <u>anywhere</u>?

Atenção! Quando uma pergunta trata de um oferecimento, convite ou sugestão, esta deverá ser feita com **some** e seus compostos.

Would you like **some** coffe?
Do you want **something** to eat?

NO

Usam-se **no** e seus compostos em frases negativas, onde o verbo está na forma afirmativa.

no *(nenhum/a)* I have <u>no</u> friends there.
nothing *(nada)* I ate <u>nothing</u> this morning.
nobody/ no one *(ninguém)* I saw <u>nobody</u> in the hall.
nowhere *(nenhum lugar)* I went <u>nowhere</u>.

FIXAÇÃO

► EXERCÍCIO 27
Pense rápido! Como dizer em inglês estas expressões?

a) *Eu não vi nada:

_____

b) *Eu não falei com ninguém:

_____

c) *Eu não fui a nenhum lugar:

_____

d) *Eu não tenho nenhuma moeda:

_____

* Há duas maneiras de dizer estas frases: com **any** e seus compostos ou com **no** e seus compostos.

e) Há alguns alunos na sala:

_____

f) Há alguma coisa lá:

_____

g) Há alguém no banheiro:

_____

h) Vamos para algum lugar quente:

_____

► EXERCÍCIO 28
Complete com:

A) Complete com: **something – anything – nothing**
   a) She says she doesn't want to go because she doesn't have _____
   _____ appropriate to wear.
   b _____ happened out there. They just don't
   want to tell me.
   c) There is _____ you can do. I'm sorry, it's too late.

B) Complete com: **somewhere – anywhere – nowhere**
   a) We've locked the door of the garage. Don't worry. The dog is going

   _____ .
   b) Don't go _____ . I have to talk to you.
   c) Her house is _____ near that famous
   gas station on the corner.

C) Complete com: **somebody – anybody – nobody**.
   a) I knocked and said: "Is there _____ at home?"
   b) _____ has spilled coffee on the new rug.
   Can you believe it?!
   c) The room was empty. There was _____ there.

D) Complete com: **some – any – no**

a) I understood. I have _____ doubts.

b) Mark works so much that he rarely has _____ time for himself.

c) My grandfather told us _____ great stories about his adventures in the navy.

CONVERSAÇÃO 14

Seguem-se perguntas utilizando os *indefinite* e seus compostos apresentados nesta lição.

Este exercício de conversação pode ser feito de duas maneiras:

A) Guiado:

Leia as perguntas e responda-as por escrito em inglês usando a respostas-sugestões ("Diga:..."). Depois ouça a faixa 43 e com o livro aberto recite suas respostas, como se estivesse conversando com uma pessoa.

A tradução das respostas-sugestões está no final do livro.

B) Livre:

Leia as perguntas e crie suas próprias respostas por escrito. Quanto mais completa for a resposta, melhor. Ouça a faixa 43 e com o livro aberto recite suas respostas.

🔊 Faixa 43

1) I'm thirsty let's make orange juice!

_____

(Diga: Ótima ideia. Eu vou pegar algumas laranjas)

2) How many oranges did you get?

_____

(Diga: Nenhuma. Não há nenhuma sobrando)

3) Do you know what's going on?

(Usando "no". Diga: Eu não tenho ideia)

4) Were you looking for me earlier?

(Diga: Sim, eu quero lhe mostrar uma coisa, venha comigo)

5) Is there anything we can do to help?

(Diga: Infelizmente nada pode ser feito agora)

6) Did the police search his office?

(Diga: Sim, mas eles não encontraram nada lá também)

7) What's that noise?

(Diga: Acho que alguém está batendo no portão)

8) Do you think we can trust Michael?

(Diga: Sim, ele não vai contar para ninguém)

9) Have you talked to the students? Maybe they can help.

(Diga: Ninguém viu nada)

10) What do you want to do tonight?

(Diga: Não sei. Vamos para algum lugar que não fomos antes)

11) What are you looking for?

(Diga: Minha carteira. Eu não consigo encontrá-la em nenhum lugar)

12) Where would you like to go after dinner?

(Diga: Nenhum lugar. Vamos ficar em casa e assistir à TV)

13) Do you have any change?

(Diga: Desculpe, não tenho nenhum troco)

14) What's bothering you?

(Diga: Nada. Não se preocupe)

15) Why don't we go by car instead?

(Usando "no". Diga: Não há nenhuma gasolina no carro)

Quer melhorar sua fluência um pouco mais?! Então feche o livro, ouça o áudio mais uma vez e responda as mesmas perguntas oralmente. Desta vez seja espontâneo(a). Diga o que vier à cabeça!

COMPREENSÃO AUDITIVA 14

Vamos treinar seus ouvidos para o inglês!

Neste exercício, ouça as frases da faixa 44 e marque a tradução correta para o *Indefenite pronoun* usado em cada frase. Depois, confira se suas respostas estão corretas no final do livro.

ılıllı Faixa 44

1) **a.** (   ) alguma coisa
  b. (   ) alguém
  c. (   ) nada

2) **a.** (   ) alguma coisa
   b. (   ) alguém
   c. (   ) nada

3) **a.** (   ) alguma coisa
   b. (   ) alguém
   c. (   ) nada

4) **a.** (   ) algum
   b. (   ) ninguém
   c. (   ) nenhum

5) **a.** (   ) algum
   b. (   ) alguém
   c. (   ) ninguém

6) **a.** (   ) alguma coisa
   b. (   ) alguém
   c. (   ) nada

7) **a.** (   ) ninguém
   b. (   ) alguém
   c. (   ) nada

8) **a.** (   ) alguém
   b. (   ) ninguém
   c. (   ) nada

9) **a.** (   ) alguns
   b. (   ) alguém
   c. (   ) ninguém

10) **a.** (   ) ninguém
   b. (   ) alguém
   c. (   ) algum

Most used verbs III

[LESSON 15]

Nesta lição você vai praticar conversação com 40 dos verbos mais usados no dia a dia. Os exercícios de conversação e compreensão auditiva estão em vários tempos verbais. O objetivo é fazer você ganhar fluência; afinal, é raro duas ou mais pessoas manterem um diálogo sem saltar do presente para o passado, e depois para o futuro, e de volta para ao presente etc.

> **IMPORTANTE!** Se você tiver dúvidas, ou não lembrar como os principais tempos verbais funcionam, consulte o **Appendix 1** antes ou durante esta lição.

APRESENTAÇÃO

Os verbos serão apresentados assim:

Tradução	Verbo na forma simples	Passado/Particípio	Exemplo para memorização
(montar/ andar de)	ride	(rode/ ridden)	ride a horse/ ride the bus

ılı|ı Ouça a faixa 45 e repita em voz alta os verbos e os exemplos.

(sentir)   **feel** (felt/ felt)   I feel fine
(mentir)   **lie** (lied/ lied)   she lied to me
(estudar)   **study** (studied/ studied)   study hard
(vestir)   **wear** (wore/ worn)   wear jeans
(perdoar)   **forgive** (forgave/ forgiven)   "to love is to forgive"

121

(*escutar*) **listen** (listened/ listened)   listen to music

(*manter/ guardar*) **keep** (kept/ kept)   keep the change

(*emprestar*) **lend** (lent/ lent)   lend him money

(*processar*) **sue** (sued/ sued)   sue them for damages

(*pegar/ tomar*) **take** (took/ taken)   take a shower

(*concordar*) **agree** (agreed/ agreed)   I agree with you

(*discutir*) **argue** (argued/ argued)   they argue a lot

(*reclamar*) **complain** (complained/ complained)   complain to the manager

(*lutar/ brigar*) **fight** (fought/ fought)   fight against the enemy

(*fazer*) **do** (did/ done)   do your job

(*acontecer*) **happen** (happened/ happened)   what happened?

(*morar/ viver*) **live** (lived/ lived)   live alone

(*sentar*) **sit** (sat/ sat)   sit on the floor

(*preocupar*) **worry** (worried/ worried)   worry about the future

(*viajar*) **travel** (traveled/ traveled)   travel by bus

(*sorrir*) **smile** (smiled/ smiled)   smile at people

(*rir*) **laugh** (laughed/ laughed)   don't laugh at me!

(*economizar/ salvar*) **save** (saved/ saved)   save time

(*rezar*) **pray** (prayed/ prayed)   pray to God

(*construir*) **build** (built/ built)   build a hospital

(*soletrar*) **spell** (spelt/ spelt)   spelt your name

(*chorar*) **cry** (cried/ cried)   cry over spilt milk

(*retirar/ sacar*) **withdraw** (withdrew/ withdrawn)   withdraw money

(*contar/ dizer*) **tell** (told/ teld)   tell me the truth

(*adivinhar/ achar*) **guess** (guessed/ guessed)   guess who won?

(*gostar*) **like** (liked/ liked)   they like ice-cream

(*odiar*) **hate** (hated/ hated)   I hate Mondays!

(*ajudar*) **help** (helped/ helped)   Can I help you?

(*tentar/ experimentar*) **try** (tried/ tried)   try again

(*contratar*) **hire** (hired/ hired)   hire a new teacher

(*alugar*) **rent** (rented/ rented)   rent a house

(*crescer / cultivar*) **grow** (grew/ grown)   grow older/ grow vegetables

(*escolher*) **choose** (chose/ chosen)   choose a number

(*pegar*) **catch** (caught/ caught)   catch a cold

FIXAÇÃO

► EXERCÍCIO 29

Vamos ver se você se lembra das três formas de cada verbo (*Simple, Past and Past participle*) e sua <u>tradução</u>. Complete as lacunas:

a)	hire	► _____	► _____	(_____)
b)	_____	► _____	► done	(_____)
c)	catch	► _____	► _____	(_____)
d)	_____	► prayed	► _____	(_____)
e)	_____	► _____	► _____	(escolher)
f)	_____	► _____	► sat	(_____)
g)	grow	► _____	► _____	(_____)
h)	_____	► laughed	► _____	(_____)
i)	_____	► _____	► _____	(reclamar)
j)	build	► _____	► _____	(_____)
k)	_____	► slept	► _____	(_____)
l)	_____	► _____	► _____	(vestir)
m)	hate	► _____	► _____	(_____)
n)	_____	► _____	► cried	(_____)
o)	worry	► _____	► _____	(_____)
p)	_____	► _____	► _____	(perdoar)
q)	agree	► _____	► _____	(_____)
r)	_____	► _____	► sued	(_____)
s)	_____	► _____	► _____	(sentir)
t)	keep	► _____	► _____	(_____)

► EXERCÍCIO 30

Uma das melhores técnicas para memorizar novas palavras é colocá-las em um contexto, em uma pequena frase ou simplesmente fazendo combinações usuais com outras palavras mais conhecidas. Neste exercício você deve achar a combinação certa para cada verbo listado abaixo:

the homework	in a big city	terrible	money
a white T-shirt	a tree house	two pills	
on the couch	a color	a car	the ball
the radio	me a pen	about the food	a new dish

a) wear _____

b) listen to _____

c) take _____

d) feel _____

e) lend _____

f) complain _____

g) do _____

h) save _____

i) build _____

j) sit _____

k) live _____

l) rent _____

m) catch _____

n) choose _____

o) try _____

CONVERSAÇÃO 15

Como já foi comentado no início desta lição, dificilmente duas ou mais pessoas, ao dialogarem, se mantêm em um único tempo verbal; o mais comum é transitar entre vários. Neste exercício duas ou mais perguntas consecutivas usarão o mesmo verbo, porém, em tempos verbais diferentes. Assim, você poderá treinar sua agilidade em falar em vários tempos verbais e ganhar mais fluência.

Não há situações e temas predeterminados, as perguntas são sobre diferentes assuntos do cotidiano.

Este exercício de conversação pode ser feito de duas maneiras:

Modo A (recomendado para iniciantes):

▶ Responda as perguntas por escrito, prestando bastante atenção a elas.
▶ Feche o livro, toque a faixa 46 e responda novamente as mesmas perguntas oralmente, interagindo com a voz do áudio como se estivesse com uma pessoa. Seja espontâneo(a), não precisa respondê-las como fez por escrito.

Modo B:

▶ Apenas leia as perguntas do livro para ter uma ideia do que tratam.
▶ Feche o livro, toque a faixa 46 e, com o livro ainda fechado, responda as perguntas oralmente.

𝖎𝖑𝖑𝖎 Faixa 46

1) How do you feel today?
(Como você se sente hoje?)

2) Did they feel the earthquake too?
(Eles sentiram o terremoto também?)

3) Have you studied French before?
(Você estudou francês antes?)

4) Where is your son going to study next year?
(Onde seu filho vai estudar ano que vem?)

5) How often do you study English?
(Com que frequência você estuda inglês?)

6) Where do you keep your car at night?
(Onde você mantém seu carro à noite?)

7) Did she keep her word about the house?
(Ela manteve sua palavra sobre a casa?)

8) How long have you been keeping this from us?
(Há quanto tempo você guardou isto de nós?)

9) Who takes the kids to school?
(Quem leva as crianças para a escola?)

10) Have you taken anything for the headache?
(Você tomou algo para a dor de cabeça?)

11) Did you take the books back yesterday?
(Você devolveu os livros ontem?)

12) Which bus do I need to take to get there?
(Qual ônibus preciso pegar para chegar lá?)

13) Do you listen to the radio while driving?
(Você escuta o rádio enquanto dirige?)

14) Are you listening to what I'm saying?
(Você está ouvindo o que estou dizendo?)

15) Will you forgive me, please?
(Você vai me perdoar, por favor?)

16) What were you arguing about?
(Sobre o que vocês estavam discutindo?)

17) What did you complain about?
(Sobre o que você reclamou?)

18) Does she complain a lot?
(Ela reclama muito?)

19) What are you doing now?
(O que você está fazendo agora?)

20) What do you usually do on Saturday night?
(O que você geralmente faz no sábado à noite?)

21) What will you do if they don't arrive on time?
(O que você fará se eles não chegarem a tempo?)

22) What happened to you?
(O que aconteceu com você?)

23) Have you ever lived abroad?
(Você já morou no exterior?)

24) Who lives in that old house on the corner?
(Quem mora naquela casa da esquina?)

25) What does he do for a living?
(O que ele faz da vida?)

26) Who was sitting beside you during the seminar?
(Quem estava sentado ao seu lado durante o seminário?)

27) Do you think he'll pass the test?
(Você acha que ele passará no teste?)

28) Are you traveling on business or pleasure?
(Você está viajando a negócios ou a lazer?)

29) Are you planning on buying a new car this year?
(Você está planejando comprar um carro novo este ano?)

30) Where will they build the new hospital?
(Onde eles construirão o novo hospital?)

31) What were you two laughing about?
(Do que vocês dois estavam rindo?)

32) How do you spell aisle?
(Como você soletra aisle?)

33) Your last name is difficult to write, isn't it?

(Seu sobrenome é difícil de escrever, não é?)

34) Why is little John crying?

(Por que o pequeno John está chorando?)

35) Guess who called this morning?

(Adivinha quem ligou esta manhã?)

36) Did your parents like the new restaurant?

(Seus pais gostaram do novo restaurante?)

37) Have you tried to use the other computer?

(Você tentou usar o outro computador?)

38) Are you going to hire a babysitter for Rebecca?

(Vocês vão contratar uma babá para a Rebecca?)

39) Did you know they grow a lot of tobacco in Cuba?

(Você sabia que eles cultivam muito tabaco em Cuba?)

40) I heard you went fishing, did you catch anything?

(Eu ouvi que vocês foram pescar, pegaram algo?)

COMPREENSÃO AUDITIVA 15

Vamos treinar seus ouvidos para o inglês!

Neste exercício, ouça as perguntas da faixa 47 e escolha a respostas adequadas. Depois, confira se suas escolhas estão corretas no final do livro.

🎵 Faixa 47

1) **a.** (   ) I lied a lot when I was a kid.
   b. (   ) I didn't lie, I just didn't tell you everything.

2) **a.** (   ) A brown shirt and jeans.
   b. (   ) He likes to wear jeans.

3) **a.** (   ) Yes, who doesn't!
   b. (   ) Yes, I tell them everything.

4) **a.** (   ) No, they made an agreement with the manager.
   b. (   ) No, they stayed in the cheaper hotel.

5) **a.** (   ) I took painkillers.
   b. (   ) I took three. The doctor told me so.

6) **a.** (   ) Usually Brian.
   b. (   ) Nothing.

7) **a.** (   ) No, I never read it.
   b. (   ) Yes, sometimes before I leave home.

8) **a.** (   ) Yes, I'll get three hundred for the trip.
   b. (   ) No, I didn't count the money.

9) **a.** (   ) She chose the French wooden table.
   b. (   ) She chose French food.

10) **a.** (   ) Yes, I'll need a car to go around.
    b. (   ) Yes, I will buy a car there.

Verbs tenses

[APPENDIX 1]

O intuito deste apêndice é fazer você relembrar e tirar possíveis dúvidas sobre os **principais tempos verbais** usados na língua inglesa.

Os tempos verbais mostrados aqui são:

1) **SIMPLE PRESENT**
2) **SIMPLE PAST**
3) **PRESENT AND PAST CONTINUOUS**
4) **FUTURE "WILL"**
5) **FUTURE "GOING TO"**
6) **PRESENT PERFECT**
7) **PRESENT PERFECT CONTINUOUS**
8) **PAST PERFECT**

1) SIMPLE PRESENT

O *Simple present* é usado para expressar uma ação que acontece habitualmente.

I usually **go** to work on foot.

É usado também para expressar verdades universais.

The sun **rises** from the east.

Nas frases afirmativas, você deve lembrar-se de acrescentar "s" ou "es" aos verbos com *he, she* e *it*:

She live**s** alone.
She teach**es** French.
It eat**s** only vegetables.

Para formar frases negativas, é necessário o uso de auxiliares:

Don't (I, you, we, they)
Doesn't (he, she, it)

They **don't** get up early.
He **doesn't** speak Spanish.

Para formar frases interrogativas, é necessário colocar o auxiliar antes do sujeito:

Do you live downtown?
Does she work on Saturday?
Where **do** you leave your car?

2) SIMPLE PAST

O *Simple past* é usado para expressar ações que aconteceram num passado com o tempo determinado. Quer dizer que aconteceu e sabe-se quando.

They **sold** their house in February.
She **called** me last night.

Há verbos regulares e irregulares. Os regulares são aqueles cujo passado é formado com a terminação **– ed**:

work ► work**ed**
study ► studi**ed**
live ► liv**ed**

Os irregulares são aqueles cujo o passado não é feito com **– ed**:

buy ► bought
put ► put
drink ► drank

Para formar frases negativas é necessário o uso do auxiliar **didn't**.
Importante! Quando se usa o auxiliar, o verbo fica na sua forma simples:

Certo: I **didn't go** alone.
Errado: I **didn't went** alone.

Para formar frases interrogativas, coloque o auxiliar **did** antes do sujeito:

Did you write the article yesterday?
When **did** you start studying English?

3) PRESENT AND PAST CONTINUOUS

Os *continuous* são usados para expressar uma ação que está ou estava acontecendo em algum momento específico.

O *Present continuous* geralmente expressa ações que estão acontecendo agora, no momento da fala, e o *Past continuous* as que estavam acontecendo num certo momento do passado.

Para formar frases afirmativas, usa-se:

am
is
are + **verb** + **ing**
was
were

He **is sleeping** on the sofa.
They **are talking** on the phone now.
She **was watching** TV when I arrived.
They **were living** in a small house back then.

Para formar frases negativas, basta transformar o verbo **be** em negativo:

am not
isn't
aren't + **verb** + **ing**
wasn't
weren't

She **isn't** enjoying it.
I **wasn't** paying attention.

Para formar frases interrogativas, coloque o verbo **be** antes do sujeito:

Am I
Are you
Is he + verb + ing
Was she
Were they

Is she staying with him?
Were you doing the homework?
What **are** you doing?

4) FUTURE "WILL"

Para formar frases que expressam uma ação que vai acontecer no futuro com o auxiliar **will**, basta colocá-lo antes do verbo:

I **will** travel tonight.
She **will** call us later.
They **will** bring pizza.

Atenção! Usa-se esta forma de futuro quando a decisão de fazer algo é tomada no momento da fala.

Exemplo:
o telefone toca na sala, e alguém diz
I **will** answer it.

Para formar frases negativas, apesar de existir **will not**, o mais comum é o uso de **won't**:

He **won't** accept our offer.
I **won't** go with them.

Para formar interrogativas, coloque o auxiliar **will** antes do sujeito:

Will he bring the CDs?
What **will** you do after lunch?

5) FUTURE "GOING TO"

O futuro com "going to" é usado para expressar uma ação que acontecerá no futuro.
Diferentemente do futuro com **will**, o futuro com **going to** é usado para falar de ações que já haviam sido planejadas anteriormente.

Exemplos:
I **am going to have lunch** with Mr. Hartman today.
They **are going to invite** everybody from the office.

Para formar o future com **going to** são necessários:

am
is + **going to** + verb
are

He **is going to buy** the house.
We **are going to watch** it tonight.

Para formar frases negativas, basta transformar o verbo **be** em negativo:

He **isn't** going to buy the house.
We **aren't** going to watch it.
I **am not** going to work tomorrow.

Para formar frases interrogativas, coloque o verbo **be** antes do sujeito:

Are they going to move to China?
Why **is** he going to arrive late?

6) PRESENT PERFECT

O *Presente perfect* é usado para expressar uma ação que aconteceu em um passado indeterminado, ou seja, não se sabe o "quando", geralmente porque não importa.

Para formar o *Present perfect* são necessários:

have + **verb** (Past participle)
has

They **have found** the camera.
He **has written** three books.

O auxiliar "has" é usado com *he, she* e *it*.

Atenção! *O Present perfect* e sua estrutura (*have/ has + verbo no particípio*) confundem os estudantes porque é comparado ao *Simple past*.

A diferença entre os dois é a seguinte: quando o "tempo" é relevante e, portanto, mencionado na frase, usa-se o *Simple past*.

Kevin Brown **wrote** a book about it **last year.**

Quando o "tempo" é irrelevante e não mencionado, usa-se o *Present perfect*.

Michael Long **has written** a book about it.

Para formar frases negativas, usa-se os auxiliares **have** e **has** nas formas negativas:

They **haven't** finished.
It **hasn't** rained a lot lately.

Para formar frases interrogativas, coloque o auxiliar antes do sujeito:

Have you seen him?
Has she lived abroad?

7)   PRESENT PERFECT CONTINUOUS

O Present perfect continuous é usado para expressar uma ação que começou no passado e continua acontecendo no presente, ou que acabou de acabar.

I **have been living** in Rio for 11 years.
She **has been working** for us since 2005.

I **have been painting** the room. I've just finished. I'll take a shower and be ready in 20 minutes.

Para formar o *Present perfect continuous* são necessários:

have + **been** + **verb** + **ing**
has

I **have been doing** this since 10 o'clock.
He **has been studying** German for two years.

Para formar frases negativas, basta usar os auxiliares **have** e **has** nas formas negativas:

We **haven't been talking** for days.
She **hasn't been doing** her homework.

Para formar frases interrogativas, coloque os auxiliares antes do sujeito:

Have they been living in the same house?
Has he been sleeping on the floor?

8) PAST PERFECT

O *Past perfect* é usado para expressar uma ação que aconteceu antes de outra ação no passado.

They **had gone** to bed when I arrived at 10.
(Eles tinham ido dormir quando eu cheguei às 10)

She **had finished** the report before I called her this afternoon.
(Ela tinha terminado o relatório antes de eu ligar para ela esta tarde)

Para formar frases negativas, use **hadn't**:

He **hadn't left** the key before he left.

Para formar frases interrogativas, coloque o auxiliar **had** antes do sujeito:

Had they eaten Thai food before?

Adjectives, comparative and superlative forms

[APPENDIX 2]

Um adjetivo é uma palavra que oferece informações sobre um substantivo: cor, tamanho, origem, peso, material, idade etc.

Em inglês, são colocados antes do substantivo!

A **big** house
An **old** man
A **comfortable** chair

Os adjetivos não têm plural em inglês, isto é, eles só têm uma única forma, e são usados com substantivos tanto no singular quanto no plural.

He drives a **fast car**. (carro rápido)
They drive **fast cars**. (carros rápidos)
She is a **beautiful girl**. (garota bonita)
They are **beautiful girls**. (garotas bonitas)

A ORDEM DOS ADJETIVOS

Há muitos tipos de adjetivos: os que relatam tamanho, cor, origem, temperatura, propósito, etc. Às vezes é difícil lembrar a ordem de (literalmente) todos eles, até porque há exceções às regras também. Mas como geralmente as pessoas costumam usar no máximo três ou quatro adjetivos na mesma frase, você não precisa se preocupar em saber toda a sequência de uma vez só!

A seguir, uma linha da ordem sequencial dos adjetivos mais comuns.

número/ordem ▶ opinião ▶valor ▶ tamanho ▶ idade ▶
▶ temperatura ▶ formato ▶ cor ▶ origem ▶ material.

Exemplos:
I bought a nice brown French wooden table.
They had the first expensive big new car in the city.
She's wearing black Italian leather boots.
He brought three delicious long sandwiches.

COMPARATIVO DE SUPERIORIDADE

Você geralmente vai usar os adjetivos na forma comparativa quando quiser comparar duas pessoas ou coisas.

Isto é, você vai comparar duas pessoas, dois hotéis, dois carros, duas cidades, duas comidas etc.

O comparativo dos adjetivos "grandes", ou seja, com duas ou mais sílabas, é feito de maneira parecida com o da língua portuguesa.

more... *adj*... than
(mais... *adj*... que)

Exemplos:
expensive ▶ more expensive than
beautiful ▶ more beautiful than

This book is **more interesting than** the other one.
Michael Jackson was **more famous than** Prince in the 80's.

Já o comparativo dos adjetivos de uma sílaba* não pode ser feito desta forma:

---

* ou de duas que forem terminadas em -y, -er, -le ou -ow

Errado: cold ► more cold
Errado: Peter is more tall than me.

Nestes casos, para formar o comparativo acrescenta-se "er":

cold ► cold**er**
young ► young**er**
His car is **faster** than mine.

Atenção!
Adjetivos terminados em "**e**" recebem apenas "**r**":

nice ► nice**r**
simple ► simple**r**

Adjetivos terminados em "**y**" precedidos de uma consoante, trocar o "**y**" por "**i**" depois "**er**":

happy ► happ**ier**

Adjetivos terminados em "cvc" (consoante-vogal-consoante) dobram a última consoante para receber "**er**":

fat ► fatter

Adjetivos irregulares:

good ► better
bad ► worse
far ► farther
much ► more
many ► more
little ► less

SUPERLATIVO DE SUPERIORIDADE

Você geralmente vai usar os adjetivos na forma superlativa quando quiser dizer que uma pessoa/coisa é "a mais" dentre as demais.

Diferente do comparativo, que compara entre dois, no superlativo há no mínimo três pessoas, países, carros, lojas etc. envolvidos na comparação:

O Brasil é **o maior** país da América do Sul.
O André é o aluno **mais alto** da turma.
A casa da Cyntia é a **mais bonita** do bairro.

Em inglês os adjetivos "grandes" – com 2 ou mais sílabas – ficam assim:

beautiful ▶ the most beautiful
famous ▶ the most famous

Cyntya's house is **the most beautiful** house in our neighborhood.

New York is **the most famous** city in the world.

Já o superlativo de adjetivos "pequenos" – de uma sílaba ou de duas e terminados em **-y**, **-er**, **-le** ou **-ow** – é feito assim:

fast ▶ the fast**est**
small ▶ the small**est**

Atenção! Adjetivos terminados em "**y**" precedidos de uma consoante trocam o "**y**" por "**i**" e depois "**est**":

dirty ▶ the dirt**iest**

Adjetivos terminados em "cvc" (consoante-vogal-consoante) dobram a última consoante para receber "**est**":

sad ▶ the sad**d**est

Adjetivos irregulares:

good ► the best
bad ► the worst
far ► the farthest
much ► the most
many ► the most
little ► the least

Adverbs

[APPENDIX 3]

Um advérbio é uma palavra que dá informações (o como, o onde, o quando, a frequência etc.) sobre um verbo, um adjetivo ou um outro advérbio.

Levando em consideração qual tipo de informação os advérbios trazem, eles são classificados em:

1) **ADVERBS OF MANNER**
2) **ADVERBS OF PLACE**
3) **ADVERBS OF TIME**
4) **ADVERBS OF FREQUENCY**
5) **ADVERBS OF DEGREE**

1) **ADVERBS OF MANNER** (indicam modo)

A maioria destes advérbios é formada de um adjetivo + "**ly**".

strong ► strongly (fortemente)
slow ► slowly (lentamente)
happy ► happilly (felizmente)

2) **ADVERBS OF PLACE** (indicam lugar)

here (aqui)
there (lá)
near (perto)

3) ADVERBS OF TIME (indicam tempo)

now (agora)
today (hoje)
yesterday (ontem)

4) ADVERBS OF FREQUENCY (indicam frequência)

always (sempre)
never (nunca)
twice (duas vezes)

5) ADVERBS OF DEGREE (indicam intensidade)

very (muito)
too (demais)
quite (bastante)

CASOS ESPECIAIS

good (adj.) ► **well** (adv.) (bem)
hard (adj.) ► **hard** (adv.) (duro)
early (adj.) ► **early** (adv.) (cedo)
fast (adj.) ► **fast** (adv.) (rápido)
daily (adj.) ► **daily** (adv.) (diariamente)
weekly (adj.) ► **weekly** (adv.) (semanalmente)
monthly (adj.) ► **monthly** (adv.) (mensalmente)
far (adj.) ► **far** (adv.) (longe)
low (adj.) ► **low** (adv.) (baixo)
high (adj.) ► **high** (adv.) (alto)

A ORDEM DOS ADVÉRBIOS

Quando dois ou mais advérbios são usados numa frase, eles devem ficar na seguinte ordem (geralmente no final das frases):

manner ► place ► time

Exemplo:
The principal spoke **angrily in the auditorium yesterday**.

Porém, se o verbo da frase indicar movimento (*go, travel, drive* etc.) a ordem é:

place ► manner ► time

She goes **to work patiently on Monday**.

Quando dois ou mais advérbios do mesmo tipo forem usados, você deve começar pelo mais específico até chegar ao mais geral.

The war started **on the morning of September 17th, 1938**.
They live in a **tiny house in a small town in Germany**.

Pronouns

[APPENDIX 4]

SUBJECT PRONOUNS

I (eu)
you (você)
he (ele)
she (ela)
it (ele/ela para objeto ou animal)
we (nós)
you (vocês)
they (eles/elas)

Os *subject pronouns* são usados como sujeitos da frase. Também são necessários para substituir nomes/substantivos nas orações, evitando assim repetições.

I am a teacher. **I** like my job.
Pedro is an engineer. **He** works in Spain.
The tourists left the hotel early. **They** went by bus.

OBJECT PRONOUNS

me (me/mim)
you (te/ti/você)
him (o/ ele)
her (a/ ela)
it (o/a/ ele/ela – para um objeto ou animal)
us (nos/nós)

you (vos/vocês)
them (os/as/ eles/elas)

Os *Object pronouns* têm a função de objeto, direto ou indireto, da frase. Também são usados para substituir um substantivo que apareceu como objeto da oração,evitando assim repetições.

Bruno called **me** this morning.
I saw **Meggy** yesterday. I invited **her** for dinner but she didn't accept.

POSSESIVE ADJECTIVES

Os *Possessive adjectives* são sempre precedidos de um substantivo. Sua função é indicar a quem ou a que pertence algo.

my food (minha comida)
your food (sua comida)
his food (comida dele)
her food (comida dela)
its food (comida dele/dela – referindo-se a um animal)
our food (nossa comida)
your food (vossa comida)
their food (comida deles/delas)

POSSESSIVE PRONOUNS

(meu/s, minha/s) **mine** It's mine.
(teu/s, tua/s) **yours** Is that yours?
(dele) **his** I met his yesterday.
(dela) **hers** I know hers.
(dele/a – para animal ou objeto) **its** be careful with its.
(nosso/s, nossa/s **ours** ours is better.
(nosso/s, vossa/s) **yours** yours is finished.
(deles/ delas) **theirs** theirs are near.

A função dos *Possessive pronouns* é substituir um *Possessive adjective* + *substantivo*, para evitar repetições.

Exemplos:
My car is parked beside **your car**.
My car is parked beside **yours**.

Josh: "**Her parents** are from Philadelphia."
Kelly: "Really! **Mine** too!"

REFLEXIVE PRONOUNS

(me/ a mim mesmo) **myself** I saw myself.
(se/ a você mesmo) **yourself** you saw yourself.
(se/ a ele mesmo) **himself** he saw himself.
(se/ a ela mesma) **herself** she saw herself.
(se/ a ele/ ela mesmo/a) **itself** the dog saw itself.
(nos/ a nós mesmos) **ourselves** we saw ourselves.
(se/ a vós mesmos) **yourselves** you saw yourselves.
(se/ a eles/elas mesmos/as) **themselves** they saw themselves.

Os *Reflexive pronouns* são usados quando o sujeito e o objeto da frase são o mesmo. Isto é, o sujeito exerce uma ação sobre ele(a) mesmo(a).

Robert heard **himself** on the radio for the first time in 1935.
(quer dizer: Robert heard Robert)

Catherine cut **herself** with that penknife.
They loved to see **themselves** on TV!

Os *Reflexive pronouns* também são usados para enfatizar o sujeito. Sua posição pode ser logo após este ou no fim da frase:

She made that cake **herself**.
(Ela mesma fez aquele bolo)

She **herself** made that cake.

(Ela mesma fez aquele bolo)

Outro uso dos *Reflexive pronouns* é expressar que o(s) sujeito(s) da frase exerce(m) uma ação "sozinho(s)", ou seja, "sem ajuda".

Nesses casos os *Reflexive pronouns* são precedidos de "**by**" e aparecem no fim da frase.

Amir painted his room **by himself**.

(Amir pintou seu quarto sozinho)

Phrasal verbs

[APPENDIX 5]

Um *Phrasal verb* é composto por **um verbo + uma partícula** (preposição ou advérbio)

Geralmente juntos (verbo + partícula) apresentam um significado muito diferente dos significados das duas partes que os formam separadamente.

Exemplos:
o verbo "**give**" = dar
a preposição "**up**" = em cima
o *Phrasal verb* "**give up**" = desistir

Porém às vezes o significado do *Phrasal verb* tem a ver com o verbo principal, e a compreensão não é difícil. A diferença é que o *Phrasal verb* é mais enfático ou "potente" que o verbo original sozinho.

Exemplos:
break: quebrar (em pedaços)
break down: pifar (máquina), sucumbir, descontrolar-se.

run: correr
run away: fugir

stand: estar em pé/ereto
stand up: levantar-se

Alguns *Phrasal verbs* possuem mais de um significado.

Exemplos:
pick up = apanhar (algo do chão)
pick up = buscar (alguém de algum lugar)

put on = pôr/ vestir (peça de roupa)
put on = ganhar (peso)
put on = ligar (aparelho)

Há *Phrasal verbs* formados por **um verbo + duas partículas**.

Exemplos:
look up to: admirar
put up with: suportar/ aguentar

O passado de um Phrasal verb é o passado do verbo principal que o forma.

Exemplos:
passado de "**give up**" é " **gave up**"
passado de "**look for**" é "**looked for**"

Alguns *Phrasal verbs* são separáveis, isto é, o objeto da frase pode ficar antes ou depois da partícula.

Exemplos:
turn on the lights. (ligar as luzes)
turn the lights **on**.

call off the meeting. (cancelar a reunião)
call the meeting **off**.

Atenção: se o objeto da frase for um pronome, este deve sempre ficar antes da partícula.

Exemplos:
Certo: **turn** it **on**. (ligá-lo)
Errado: **turn on** it.

Certo: **pick** her **up**. (pegá-lo)
Errado: **pick up** her.

Com Phrasal verbs formados por verbo + duas partículas, o objeto da frase deve ficar depois deles, mesmo se for um pronome.

Exemplos:
break up with Jim (terminar com o Jim)
break up with him (terminar com ele)

Modal verbs

[APPENDIX 6]

A função principal dos *Modal verbs* é atribuir ou alterar o sentido de outros verbos (comuns) que aparecem logo em seguida.

Juntos (*modal verb* + verbo) expressam permissão, proibição, capacidade, habilidade, obrigação ou possibilidade.

Há três características que você deve saber para fazer uso correto dos *Modal verbs*:

1) São seguidos de verbos no infinitivo, mas sem "**to**"

Certo: They **can start** now.
Errado: They **can to start** now.
Certo: I **shouldn't tell** you.
Errado: I **shouldn't to tell** you.

2) Não são conjugáveis e não recebem "**s**" com *he, she, it*.

I must eat before I leave.
The students must eat before they leave.
Margaret must eat before she leaves.
It must eat only lettuce.

3) Eles são "autossuficientes", não precisam de auxiliares para formar frases negativas ou interrogativas:

(Affirmative) She **can** swim very well.
(Interrogative) **Can** she drive well?
(Negative) She **can't** swim.

Então, para formar frases negativas:

can ► can't
could ► couldn't
should ► shouldn't
must ► mustn't (é mais comum **must not**)
might ► mightn't (é mais comum **might not**)
may ► may not

E para formar frases interrogativas, basta colocar o verbo antes do sujeito:

Should I call him today?
Could he do it?

O USO DOS MODAL VERBS

Para o melhor entendimento do significado e uso dos *Modal verbs*, estude os seguintes exemplos:

You **can** go now.   (Você **pode** ir agora)   permissão
I **can** speak Chinese.   (Eu **sei** falar chinês)   habilidade
She **can't** lift the suitcase. (Ela **não consegue** erguer a mala) capacidade

He **could** play the piano when he was 5.   (Ele **sabia** tocar piano quando tinha 5 anos)   habilidade – passado
I **couldn't** close the window, the wind was too strong.   (Eu **não consegui** fechar a janela, o vento estava muito forte)   capacidade – passado
Could I see you ID?   (**Poderia** ver sua identidade?)   permissão – mais polido

160

I think you **should** quit you job. (Eu acho que você **deveria** deixar seu emprego) dar conselho

You **should** give it back. (Você deveria devolvê-lo) obrigação moral/ recomendação

They **must** stop at the checkpoint and show their passports. (Eles **devem** parar no posto de controle e mostrar seus passaportes) obrigação forte/ ordem

Children **must** not watch this movie. (Crianças **não devem** assistir a este filme) proibição.

They haven't eaten anything since they woke up, they **must** be hungry. (Eles não comeram nada desde que acordaram, **devem** estar com fome) dedução

May I help you? (**Posso** ajudá-lo/la)?) permissão – formal

She **may** break the world record today. (Ela **poderá** quebrar o recorde mundial hoje) probabilidade grande.

It **might** be a bomb. (**Pode** ser uma bomba) probabilidade remota

Respostas dos exercícios

EXERCÍCIO 1
a) spoke – spoken
b) write – written (escrever)
c) think – thought – thought
d) see – saw (ver)
e) stayed – stayed (ficar)
f) cook – cooked (cozinhar)
g) brush – brushed – brushed
h) sent – sent (enviar)
i) talk – talked (conversar)
j) eat – ate – eaten
k) sell – sold (vender)
l) read – read – read
m) called – called (ligar)
n) forget – forgot (esquecer)
o) drive – drove – driven

EXERCÍCIO 2
a) slowly
b) a bike
c) a new house
d) in bed
e) cartoons
f) a poem
g) the drawer

h) to the park

i) hot chocolate

j) in God

k) fast

l) in a bakery

EXERCÍCIO 3

a) far

b) bad

c) rich

d) ugly

e) easy

f) hot

g) boring

h) thin

i) expensive

j) new

k) small

l) cold

EXERCÍCIO 4

Há inúmeras possibilidades de combinações/respostas para cada um dos adjetivos deste exercício. Como o enunciado sugere, faça combinações que o(a) ajude a lembrar do significado de cada um deles.

EXERCÍCIO 5

a) at work

b) it's easy

c) only three

d) two blocks away

e) a sandwich

f) Michael's

g) last night

h) Margaret

i) a little bit

j) the blue one

k) twenty-five

l) twice a week

m) at midnight

n) really slow

o) about two hours

EXERCÍCIO 6

a) Who?

b) How?

c) Why?

d) Where?

e) When?

f) Whose?

g) How tall?

h) What?

i) How often?

j) Which?

k) How much?

l) How far?

m) How many?

n) What time?

o) How long?

p) How big?

q) How fast?

r) How deep?

s) Who?

EXERCÍCIO 7

a) seven

b) seventeen

c) seventy

d) seven hundred

e) seven thousand

f) twenty-eight

g) one hundred (and) thirty-five

h) nine hundred (and) fifty

i) four thousand

j) four thousand two hundred

k) four thousand two hundred (and) eighty

l) four thousand two hundred (and) eighty three

m) nineteen thousand

n) two hundred (and) fifty-one thousand

o) twenty one percent

p) four dollars (and) thirty cents

q) twenty-three pounds

r) eighty cents

s) twenty-seven divided by three equals nine

EXERCÍCIO 8

a) 19

b) 90

c) 42

d) 361

e) 805

f) 4000

g) 6539

h) 11 000

i) 64 020

j) 300 000

k) US$ 250

l) US$ 3.20

m) US$ 0.84

n) 31 - 7 = 24

EXERCÍCIO 9

a) May – July

b) Thursday

c) Summer – Winter

d) October

e) Wednesday

f) Second – Fourth – Sixth

g) 21st – 22nd – 23rd

h) Mother's Day

i) Christmas

j) Easter

EXERCÍCIO 10

a) March twenty-third nineteen eight five

b) October fifth two thousand eight

c) July twelfth nineteen hundred

d) January thirty first twenty fifteen

e) ten thirty

f) eleven fifty-five (or) five to twelve

g) two fifteen (or) a quarter past two

h) eight forty (or) twenty to nine

i) twelve oh five (or) five past twelve

j) one forty five (or) a quarter to two

EXERCÍCIO 11

a) gave – given

b) know – known (saber)

c) leave – left (partir)

d) found – found (achar)

e) begin – begun (começar)

f) asked – asked (perguntar)

g) sleep – slept – slept

h) won – won (vencer)

i) teach – taught – taught

j) need – need (precisar)

k) pay – paid (pagar)

l) understand – understood – understood

m) put – put (colocar)

n) break – broke (quebrar)

o) said – said (dizer)

EXERCÍCIO 12

a) your passport

b) the address

c) the new neighbor
d) salt in the salad
e) a question
f) like a baby
g) money
h) the glass
i) a cigar
j) the lesson
k) everybody
l) the students

EXERCÍCIO 13

a) carefully
b) quite cold
c) yet
d) always
e) suddenly
f) seriously
g) only/ just
h) at midnight
i) sometimes
j) there
k) so nice
l) slowly
m) happily
n) never
o) soon
p) still
q) too hot
r) enough
s) almost
t) twice

EXERCÍCIO 14

a) very
b) fluently

c) still
d) carefully
e) slowly
f) badly
g) ever
h) always
i) twice
j) yet

EXERCÍCIO 15
a) a few
b) a lot of
c) how many
d) too many
e) a little
f) how much
g) too much

EXERCÍCIO 16
a) many friends/ a lot of friends
b) a little money
c) a lot of beer
d) a few hours
e) how much air
f) too much blood
g) too many mistakes
h) many cities/ a lot of cities
i) a little energy
j) a lot of food

EXERCÍCIO 17
a) inside the box
b) under the bed
c) on the ceiling
d) in front of the church
e) between the two windows

f) behind the vase

g) through the park

h) near the bridge

i) wait at the door

j) beside the TV

k) in the bathroom

l) above the city

m) across from the street

n) outside the store

o) far from here

p) camp by the river

q) below zero

r) among many buildings

EXERCÍCIO 18

1) outside - d

2) in - f

3) far - g

4) in front of - a

5) under - c

6) through - j

7) between - h

8) over - b

9) on - i

10) at - e

EXERCÍCIO 19

a) I can go

b) I must go

c) I could go

d) I might go

e) I should go

f) he can't stay

g) he must not stay

h) he might not stay

i) he shouldn't stay

j) he couldn't stay yesterday

EXERCÍCIO 20
A)
a. must
b. can't
c. might

B)
a. may
b. should
c. can

C)
a. must
b. can
c. could

D)
a. must
b. can
c. should

EXERCÍCIO 21
a) dangerous
b) tidy
c) fast
d) wet
e) tall
f) quiet
g) sad
h) empty
i) sweet
j) easy
k) dirty
l) light

EXERCÍCIO 22

Há inúmeras possibilidades de combinações/respostas para cada um dos adjetivos deste exercício. Como o enunciado sugere, faça combinações que o(a) ajude a lembrar do significado de cada um deles.

EXERCÍCIO 23

OBJECT
me
you
him
her
it
us
you
them

POSSESSIVE ADJECTIVES
my
your
his
her
its
our
your
their

POSSESSIVE PRONOUNS
mine
yours
his
hers
its
ours
yours
theirs

REFLEXIVE PRONOUNS
myself
yourself
himself
herself
itself
ourselves
yourselves
themselves

EXERCÍCIO 24
A)
a. mine
b. me
c. myself
d. my

B)
a. their
b. them
c. theirs
d. themselves

C)
a. his
b. his
c. him
d. himself

EXERCÍCIO 25
a) for
b) on
c) out
d) away
e) up
f) in

g) off
h) on
i) on
j) of
k) away
l) after
m) in
n) away
o) off
p) away
q) back
r) down
s) with
t) up

EXERCÍCIO 26

a) turn off
b) broke down
c) called off
d) carried on
e) fill in
f) gets along
g) went back
h) get on
i) get up
j) give up
k) keep on
l) look for
m) put off
n) put on
o) ran away
p) try on
q) turn off
r) works out
s) catch up
t) pick up

EXERCÍCIO 27

a) I didn't see anything/ I saw nothing
b) I didn't talk to anybody/ I talked to nobody
c) I didn't go anywhere/ I went nowhere
d) I don't have any coins/ I have no coins
e) There are some students in the room
f) There is something there
g) There is somebody in the bathroom
h) Let's go somewhere hot

EXERCÍCIO 28

A)

a. anything
b. something
c. nothing

B)

a. nowhere
b. anywhere
c. somewhere

C)

a. anybody
b. somebody
c. nobody

D)

a. no
b. any
c. some

EXERCÍCIO 29

a) hired – hired (contratar)
b) do – did (fazer)
c) caught – caught (pegar)
d) pray – prayed (rezar)

e) choose – chose – chosen (escolher)
f) sit – sat – (sentar)
g) grew – grown (crescer)
h) laugh – laughed (rir)
i) complain – complained – complained (queixar-se)
j) built – built (construir)
k) sleep – slept (dormir)
l) wear – wore – worn
m) hated – hated (odiar)
n) cry – cried (chorar)
o) worried – worried (preocupar-se)
p) forgive – forgave – forgiven (perdoar)
q) agreed – agreed (concordar)
r) sue – sued (processar)
s) feel – felt – felt (sentir)
t) kept – kept (manter)

EXERCÍCIO 30
a) a white t-shirt
b) the radio
c) two pills
d) terrible
e) me a pen
f) about the food
g) the homework
h) money
i) a tree house
j) on the couch
k) in a big city
l) a car
m) the ball
n) a color
o) a new dish

Respostas dos exercícios de conversação e compreensão

CONVERSAÇÃO 1

As respostas das perguntas deste exercício são livres. Você pode respondê-las da maneira que achar mais adequada. Mas lembre-se, quanto mais falar, melhor.

COMPREENSÃO AUDITIVA 1

1) a
2) a
3) a
4) b
5) a
6) b
7) a
8) a
9) b
10) b

CONVERSAÇÃO 2

1) I used to live in a big house with my parents, now I live in a small one.
2) I think Angelina Jolie is the most beautiful American actress.
3) I liked it, I think it was more interesting than the other one from last week.
4) I think July is the coldest month here.
5) The Vatican is the smallest country in the world, am I right?
6) Actually my mother is older than my farther.

7) No, I found a cheaper one in another store.

8) Yes, it's much closer. It takes less than 10 minutes.

9) *Forest Gump* is the best movie I've ever seen, without a doubt.

10) I think speaking is more difficult.

11) Yes, I think The Ritz is much more expensive.

12) Well, the best chefs in the world are men... maybe it's true.

COMPREENSÃO AUDITIVA 2

1) the tallest

2) harder

3) strong

4) the poorest

5) better

6) weak

7) the most expensive

8) the cheapest

9) easy

10) farther

CONVERSAÇÃO 3

1) Why are you studying English?

2) Whose jacket is that?

3) What have you taken for the headache?

4) How often do you watch the news in the morning?

5) When did they arrive?

6) How old were you when you got married?

7) Where have you been all day long?

8) Who called you last night?

9) Whom will you invite?

10) How long was the meeting?/ How long did the meeting last?

11) How far is London from where you live?

12) How fast can it go?

13) How much gasoline did you put?

14) What time will it start?

15) Which one did you buy?

16) How tall is your dad?

17) How big is the trunk?
18) How many songs has he written?
19) How deep is this lake?
20) How did you do that?!

COMPREENSÃO AUDITIVA 3
1) b
2) b
3) a
4) b
5) a
6) b
7) a
8) a
9) a
10) b

CONVERSAÇÃO 4
1) My lucky number is nine.
2) I'm 37. I'll be 38 in May.
3) It's three-three-seven-nine-one eight-for-six.
4) It's 39 for sneakers and 40 for slippers or sandals.
5) There are 31 days in August.
6) There are 100 centimeters in a meter.
7) I think it's 37.5 degrees.
8) I paid only 40 dollars, I got a 30% discount.
9) I'm not sure, I think it's more than three thousand.
10) It's 7-4-8 Montana Street.
11) About 70% say she's doing a good job.
12) It's really near. Four blocks, I mean about four hundred meters.
13) Now I pay only sixty-five cents.
14) Yes, give me half, please.
15) It's seventy-eight. Right?
16) A lot! I'm on page three hundred sixty-one.
17) Between seventy-five and eighty kilos.
18) It's 9-5-7-0. Easy to remember, right?

19) It's really big, it's 150 by 320.

20) It was 27 meters the last time I measured it.

21) I'll stay there for 17 days.

22) There are three thousand and six hundred seconds in an hour.

23) I think he's a Mexican who has 63 billion dollars.

24) They say there were more than two thousand and five hundred people.

25) Of course I know! There are 50 states.

COMPREENSÃO AUDITIVA 4

1) 27

2) 9102-3574

3) 73

4) 200 000

5) 8000

6) 16-60

7) 430

8) 16-60

9) 190

10) 82-7-2-12

11) 639

12) 50 - 600

13) 63-80-63

14) ⅓ (one third)

15) 240

CONVERSAÇÃO 5

1) My favorite day of the week is Friday.

2) Summer starts on December 21st.

3) My birthday is on April 6th.

4) Yes on the 9th floor.

5) On September 7th.

6) I started in nineteen ninety-seven.

7) Usually I get up at a quarter past seven.

8) I go there every other day.

9) The 5th letter is "E".

10) I went to bed late, at about half past one.

11) My next day off will be Thursday.

12) It will be on May 12th.

13) Although I think summer is the most beautiful, I like winter.

14) I left at a quarter to eight.

15) I was born on August 23rd nineteen seventy-five.

16) I'll be on vacation from December 7th to January 6th.

17) It was in twenty ten (or) two thousand ten.

18) Now it's half past two.

19) It'll be celebrated on November 22nd.

20) No, actually, it's the 3rd time I travel to Europe.

COMPREENSÃO AUDITIVA 5

a) June 15th, 1981.

b) 11:45 p.m.

c) Last Thursday

d) July

e) 15th

f) Summer

g) From the 19th to the 26th.

h) 10:00

i) 1992

j) May 31st.

CONVERSAÇÃO 6

As respostas das perguntas deste exercício são livres. Você pode respondê-las da maneira que achar mais adequada. Mas lembre-se, quanto mais falar, melhor.

COMPREENSÃO AUDITIVA 6

1) a

2) a

3) b

4) a

5) a

6) b

7) b

8) a
9) b
10) a

CONVERSAÇÃO 7

1) I always go by car.
2) They were too cheap, I couldn't resist.
3) Everything went well. Finally we agreed on everything.
4) Soon, I hope.
5) I try to talk to them at least twice a week.
6) No, you were completely right.
7) Unfortunately it is neither here nor there. I don't know where I've left it.
8) Of course not. What happened then?
9) Yes, we loved everything, especially the dessert.
10) I sometimes go out on weekends.
11) Only during winter.
12) Yes, after I almost flunked I really started studying.
13) We were out and suddenly it started raining.
14) Yes, he is quite rich.
15) She was seriously injured.

COMPREENSÃO AUDITIVA 7

1) well
2) carefully
3) happily
4) pretty
5) enough
6) everywhere
7) nearly
8) hard
9) quite
10) immediately

CONVERSAÇÃO 8

1) I have a lot of cousins, they're more than 15!

2) I spent a lot, I took my nephews to the park and then to the movies.
3) No. I think there's only a little.
4) Yes, there are more than 20 stores there.
5) No, I have a little.
6) I took three suitcases and a bag.
7) Yes. Actually I eat too much bread.
8) We stayed a few days. Only four.
9) Yes. I intend to invite many friends and relatives.
10) Two spoons will be enough, thank you.
11) A few hours, less than five.
12) Actually, I think I answered too many questions.
13) No, only a few are working well.
14) We got very little information about the case.
15) Each kid ate three pieces.
16) No, unfortunately there are a few trees there.
17) Yes, I know all of them.
18) I drink about five glasses of water per day.
19) Sorry , I don't have much information yet.
20) Yes. How much do you need?
21) Of course. How many do you want?

COMPREENSÃO AUDITIVA 8
1) Um pouco
2) Muito. Quase cheia
3) Ele tem muita tarefa
4) Para saber quanto sal colocar
5) Poucos
6) Tinha muito tempero
7) O bebê estava fazendo muito barulho
8) Quantas pessoas foram convidadas
9) O pai tem muita influência
10) Havia muitos erros.

CONVERSAÇÃO 9
1) It's under the newspaper.
2) No, it's on the TV.

3) It's on page 27.
4) Yes, they are in my pocket.
5) We passed through the park.
6) She was at the window of her apartment.
7) Actually they live between the grocery store and the drugstore.
8) I was at Karen's house.
9) They opened it on Baker Street.
10) You must turn left at the traffic light.
11) She is still at the office, can you call later?
12) I put it on the door.
13) No, we set it by the lake.
14) On the rug below the window.
15) In front of the movies on Brazil Avenue.

COMPREENSÃO AUDITIVA 9
1) beside the stereo (ao lado do som)
2) inside the blazer pocket (dentro do bolso do blazer)
3) on the floor, near the door (no chão perto da porta)
4) behind the vase in the kitchen (atrás no vaso da cozinha)
5) at the store (na loja)
6) among the clothes in the suitcase (entre as roupas, na mala)
7) in front of the microware (em frente ao micro-ondas)
8) on the TV (em cima da TV)
9) in the jar by the window (no jarro ao lado da janela)
10) between the remote controls on the desk (entre os controles na escrivaninha)

CONVERSAÇÃO 10
1) I couldn't go because I wasn't feeling well.
2) You should take a painkiller.
3) Yes, I'll go. If I don't go she might think I don't like her.
4) Yes, both can. And my father can speak French, too.
5) He can't be the new teacher, he looks very young.
6) You must call me immediately.
7) I can't. I must finish the report tonight.
8) Now I rarely practice it, but I could play many songs some years ago.

9) Everybody must be there before eight.

10) She might bring her son, too.

11) Yes, could I use yours, please?

12) Not yet. He can only crawl.

13) Can I use a pencil or it must be done by pen?

14) In my opinion you should call her.

15) She must be on her way. Let's wait.

COMPREENSÃO AUDITIVA 10

1) a

2) a

3) b

4) a

5) b

6) b

7) b

8) a

9) a

10) b

CONVERSAÇÃO 11

1) No, I'm a little shorter than him.

2) Yes, I think it was the most difficult of this semester.

3) The fastest way is by subway.

4) The street where I used to live was very noisy.

5) No, thanks. I'm trying to eat healthier food lately.

6) Nothing, it was empty.

7) Yes, thank you. You're very kind.

8) Really?! You shouldn't, it's one of the safest way of traveling.

9) Because it's much more comfortable than the other one.

10) No. Actually it's one of the driest months of the year.

11) Next Monday. Wish me luck!

12) Yes. And they're also the lightest of all birds.

COMPREENSÃO AUDITIVA 11

1) careful

2) the happiest

3) tidier

4) dirtier

5) the luckiest

6) soft

7) sadder

8) sweetest

9) dangerous

10) most wonderful

CONVERSAÇÃO 12

1) No, I didn't see her yesterday.

2) No, mine is black. This must be Angela's.

3) I'll meet them at their house tomorrow afternoon.

4) She liked to see herself on the front page.

5) I don't know. I liked our former teacher.

6) My grade is a little better than yours.

7) No. But they shouldn't blame themselves.

8) Yes, my mother works with hers.

9) Yes, he's a friend of mine.

10) Yes, it's in the fridge. Please help yourself.

11) If it is neither yours nor mine, it must be Antonio's.

12) She must have put them in her drawer.

13) Of course, in your office or in mine?

14) I said if they behaved themselves I'd give each a popsicle.

15) He cut himself with those scissors this morning.

COMPREENSÃO AUDITIVA 12

1) itself

2) them

3) us

4) me

5) mine

6) himself

7) its

8) yourself

9) their

10) ours

CONVERSAÇÃO 13

1) No, they broke up in January.

2) They'll have to call off the race.

3) Yes! Actually we get along very well.

4) I'll ask my mom to take care of him.

5) I'll pick him up from the airport at 9:00.

6) Yes, but they put it off until Friday.

7) It seems his grandfather passed away on Sunday.

8) I don't know. I'm still trying to figure it out.

9) Yes, I am. After I finish I'll turn off the computers.

10) No, unfortunately she gave up in the beginning of the year.

11) I'll try them on and tell you later.

12) My car broke down right after I left home.

13) I'm looking for my pen drive.

14) I wouldn't turn it down if I were you.

15) You can go. I'll catch up in a few minutes.

16) You're right. I'll turn on the air conditioner.

17) Yes, but he kept on crying.

18) You have to fill in the coupon.

19) Of course! I'm looking forward to it.

20) Yes, I have to give it back next Tuesday.

COMPREENSÃO AUDITIVA 13

1) looked after: tomou conta

2) put up with: suporta

3) pick up: buscar

4) fill in: preencher

5) find out: descobrir

6) getting rid of: se livrando

7) got in: entraram

8) went back: voltou

9) working out: malhando

10) put away: guardar

CONVERSAÇÃO 14
1) Great idea! I'll get some oranges.
2) None. There aren't any left.
3) I have no idea.
4) Yes, I want to show you something, come with me.
5) Unfortunately, nothing can be done now.
6) Yes, but they didn't find anything there either.
7) I think somebody is knocking on the gate.
8) Yes, he won't tell anyone.
9) Nobody saw anything.
10) I don't know. Let's go somewhere we haven't been before.
11) My wallet. I can't find it anywhere.
12) Nowhere. Let's stay home and watch TV.
13) Sorry, I don't have any change.
14) Nothing. Don't worry.
15) There is no gas in the car.

COMPREENSÃO AUDITIVA 14
1) a
2) c
3) a
4) c
5) b
6) a
7) b
8) b
9) a
10) c

CONVERSAÇÃO 15
As respostas das perguntas deste exercício são livres. Você pode respondê-las da maneira que achar mais adequada. Mas lembre-se, quanto mais falar, melhor.

COMPREENSÃO AUDITIVA 15

1) b
2) a
3) a
4) a
5) b
6) a
7) b
8) a
9) a
10) a

Sobre o autor

Jihad Mohamad Abou Ghouche nasceu em Palmeiras das Missões, Rio Grande do Sul, e aos 10 anos se mudou para o Líbano com toda a família. Lá, concluiu o ensino fundamental e médio em uma escola bilíngue (Árabe/Inglês) e em seguida estudou literatura inglesa e norte-americana. Retornou ao Brasil na década de 1990, lecionou inglês em uma escola de idiomas e, em 1997, abriu sua própria escola em sociedade com um colega. Inicialmente era uma escola de ensino de inglês e hoje oferece também cursos de espanhol, italiano, árabe, francês e alemão.

Jihad acumula 19 anos de experiência no ensino de idiomas e já lecionou para alunos de praticamente todas as faixas etárias, em escolas de idiomas, colégios, faculdades e turmas especiais em empresas.

É autor dos livros *Fale árabe em 20 lições*, *Solte a língua em inglês* e *Meus primeiros passos no inglês*, publicados pela Disal Editora.

Como acessar o áudio

Todo o vocabulário e exercícios contidos no livro foram gravados por nativos da língua inglesa para que os estudantes ouçam e repitam em voz alta, assim, praticarão *speaking* e *listening*. São várias faixas de áudio que estão disponíveis on-line em plataformas conhecidas ou para serem baixadas e ouvidas em dispositivos pessoais off-line.

On-line: no **YouTube** digite "jihad m. abou ghouche"

Off-line: envie um e-mail para **marketing@disaleditora.com.br** e solicite os links, mencionando o título do seu livro. Receberá todas as faixas para baixar em seus dispositivos.

IMPORTANTE:
Caso você encontre ao longo de seus estudos no livro citações ou referências a CDs, por favor entenda-as como as faixas de áudio acima indicadas.

Este livro foi composto na fonte Adelle e impresso em agosto de 2024
pela Gráfica Docuprint, sobre papel offset.